지식인마을01
다윈&페일리
진화론도
진화한다

지식인마을 01 진화론도 진화한다
다윈 & 페일리

저자_ 장대익

1판 1쇄 발행_ 2007. 9. 7.
2판 1쇄 발행_ 2013. 11. 29.
2판 4쇄 발행_ 2022. 6. 27.

발행처_ 김영사
발행인_ 고세규

등록번호_ 제406-2003-036호
등록일자_ 1979. 5. 17.

경기도 파주시 문발로 197(문발동) 우편번호 10881
마케팅부 031)955-3100, 편집부 031)955-3200, 팩스 031)955-3111

저작권자 ⓒ 2006 장대익
이 책의 저작권은 저자에게 있습니다. 서면에 의한 저자와 출판사의
허락 없이 내용의 일부를 인용하거나 발췌하는 것을 금합니다.

Copyright ⓒ 2006 Dayk JANG
All rights reserved including the rights of reproduction in whole
or in part in any form. Printed in KOREA.

값은 뒤표지에 있습니다.
ISBN 978-89-349-2120-2 04400
       978-89-349-2136-3 (세트)

홈페이지_ www.gimmyoung.com   블로그_ blog.naver.com/gybook
인스타그램_ instagram.com/gimmyoung   이메일_ bestbook@gimmyoung.com

좋은 독자가 좋은 책을 만듭니다.
김영사는 독자 여러분의 의견에 항상 귀 기울이고 있습니다.

지식인마을01

다윈 & 페일리
Charles Darwin & William Paley

진화론도 진화한다

장대익 지음

Prologue 1 지식여행을 떠나며

우리는 어디서 온 누구인가?

폴 고갱Paul Gauguin, 1848~1903은 가족들을 버리고 서른다섯에 프랑스를 떠나 남태평양의 타히티 섬으로 가서 그곳의 원주민을 그렸습니다. 그의 말년 작품 중에는 〈우리는 어디서 왔는가, 우리는 누구인가, 우리는 어디로 가는가?〉(1897)라는 걸작이 있습니다. 그는 한 장의 화폭에 인간의 생로병사와 희로애락을 담았습니다.

찰스 다윈Charles Darwin, 1809~1882은 스물둘의 나이에 가족의 염려를 뒤로 한 채 길이가 26미터밖에 안 되는 비글호에 5년이나 몸을 실었습니다(1831-1836). 비글호에 승선한 이후부터 그의 마음속을 따라다니던 화두는 결국 고갱의 작품 제목과 유사했을 것입니다. '종은 어떻게 생기는가, 종은 무엇인가, 종은 어디로 가는가?' 다윈의 삼부작이라 불리는 《종의 기원》(1859), 《인간의 유래와 성선택》(1871), 《인간과 동물의 감정 표현》(1872)은 모두 그 질문에 대한 그의 값진 대답이었습니다.

페일리의 《자연 신학》(1802)은 참으로 신통한 책입니다. 책 읽기보다 딱정벌레 수집에 훨씬 더 열을 올렸던 청년 다윈을 매료시켰던 책이기 때문입니다. 페일리는 놀라운 조화로 가득한 자연계를 보며 전능한 시계공으로서의 신을 떠올렸습니다. 반면 다윈은 그런 조화가 어떻게 자연적으로 일어날 수 있는지를 탐구하기 시작했습니다. 그리고 갈라파고스 군도의 핀치에게서 그 해답의 실마리도 얻게 됩니다.

이 책은 '이렇게 정교한 기능을 가진 생명체들이 어떻게 해서 생겨났을까?'라는 위대한 물음으로 시작합니다. 이것은 신을 갈구하던 페일리의 물음이면서 동시에 자연적 원인을 추구하던 다윈의 출발점이기도 했습니다. 이 위대한 질문에 페일리와 다윈의 후예들은 각각 어떤 대답들을 내놓았을까요?

저는 이 책을 쓰면서 또 한 번 다윈과 깊은 사랑에 빠졌습니다. 그의 지적 성실성과 열정에 반해버렸습니다. 위대한 질문에 답하기 위해 죽기 전까지 손에 흙 묻히길 즐겼던 위대한 사상가의 삶에 매료되었습니다. 그리고 그의 장엄한 이론에 다시 한 번 전율했습니다. 이 경험을 온전히 전달할 수 없는 저의 한계와 게으름이 못내 아쉬울 뿐입니다.

친절한 가이드로서 다윈의 문지방까지 저를 데려다주신 이화여대 최재천 교수님께 특별히 감사드립니다. 그리고 다윈의 나라에서 등불이 되어준 선배 진화학자들에게 존경의 마음을 전합니다. 이제 저도 독자 여러분을 초대하려고 합니다. 놀라운 진화의 세계로 말입니다.

장대익

Prologue 2 이 책을 읽기 전에

〈지식인마을〉시리즈는…

〈지식인마을〉은 인문·사회·과학 분야에서 뛰어난 업적을 남긴 동서양대표 지식인 100인의 사상을 독창적으로 엮은 통합적 지식교양서이다. 100명의 지식인이 한 마을에 살고 있다는 가정 하에 동서고금을 가로지르는 지식인들의 대립·계승·영향 관계를 일목요연하고 볼 수 있도록 구성했으며, 분야별·시대별로 4개의 거리(street)를 구성하여 해당 분야에 대한 지식의 지평을 넓히는 데 도움이 되도록 했다.

〈지식인마을〉의 거리

플라톤가 ┃ 플라톤, 공자, 뒤르켐, 프로이트 같이 모든 지식의 뿌리가 되는 대사상가들의 거리이다.

다윈가 ┃ 고대 자연철학자들과 근대 생물학자들의 거리로, 모든 과학 사상이 시작된 곳이다.

촘스키가 ┃ 촘스키, 베냐민, 하이데거, 푸코 등 현대사회를 살아가는 인간에 대한 새로운 시각을 제시한 지식인의 거리이다.

아인슈타인가 ┃ 아인슈타인, 에디슨, 쿤, 포퍼 등 21세기를 과학의 세대로 만든 이들의 거리이다.

이 책의 구성은

〈지식인마을〉시리즈의 각권은 인류 지성사를 이끌었던 위대한 질문을 중심으로 서로 대립하거나 영향을 미친 두 명의 지식인이 주인공으로 등장한다. 그리고 다음과 같은 구성 아래 그들의 치열한 논쟁을 폭넓고 깊이 있게 다룸으로써 더 많은 지식의 네트워크를 보여주고 있다.

초대 각 권마다 등장하는 두 명이 주인공이 보내는 초대장. 두 지식인의 사상적 배경과 책의 핵심 논제가 제시된다.
만남 독자들을 더욱 깊은 지식의 세계로 이끌고 갈 만남의 장. 두 주인공의 사상과 업적이 어떻게 이루어졌으며, 그들이 진정 하고 싶었던 말은 무엇이었는지 알아본다.
대화 시공을 초월한 지식인들의 가상대화. 사마천과 노자, 장자가 직접 인터뷰를 하고 부르디외와 함께 시위 현장에 나가기도 하면서, 치열한 고민의 과정을 직접 들어본다.
이슈 과거지식인의 문제의식은 곧 현재의 이슈. 과거의 지식이 현재의 문제를 해결하는 데 어떻게 적용될 수 있는지 살펴본다.

이 시리즈에서 저자들이 펼쳐놓은 지식의 지형도는 대략적일 뿐이다. 〈지식인마을〉에서 위대한 지식인들을 만나, 그들과 대화하고, 오늘의 이슈에 대해 토론하며 새로운 지식의 지형도를 그려나가기를 바란다.

지식인마을 책임기획 장대익
서울대학교 자유전공학부 교수

Contents 이 책의 내용

Prologue 1 지식여행을 떠나며 · 4
Prologue 2 이 책을 읽기 전에 · 6

초대

누가 이 정교한 자연을 만들었나? · 12
위대한 질문과 그럴듯한 대답들 | 지금도 수난당하는 다윈
승승장구하는 다윈 | 페일리의 후예인가, 다윈의 후예인가?

만남

1. 페일리의 시계와 《자연신학》 · 26
   페일리의 시계 | 설계 논증의 뿌리를 찾아서

2. 다윈의 핀치와 《종의 기원》 · 39
   별 볼일 없던 청년 다윈, 비글호를 타다 | 비글호 탐험과 다윈의 핀치
   자연선택론의 싹이 트다 | 20년 동안 숙성시킨 자연선택론
   월리스를 기억하는가?

3. 다윈 혁명 · 58
   세상에서 가장 위대한 '하물며' | 획득된 형질은 유전되지 않는다
   자연선택과 생명의 나무 | 《종의 기원》 그 이후 | 자연선택론의 쇠퇴와 부활

4. 진화론 내부의 생존투쟁 · 88
   돼지가 날개를 달던 날 | 도쿄 지하철은 환승 거리가 왜 그렇게 길까?
   유전자는 이기적인데 왜 인간은 남을 돕는가? | 진화에도 박자가 있다고?

5. 다윈의 후예들 · 112
   다윈의 친구들: 헉슬리, 스펜서, 마르크스, 프로이트 | 다윈의 퍼즐을 가장 빨리 푼 천재: 윌리엄 해밀턴 | 유전자의 눈높이에서: 리처드 도킨스 | 글쎄, 진화는 진보가 아니라니까: 스티븐 제이 굴드 | 진화론 뒤에 숨겨진 이데올로기를 고발한다: 리처드 르원틴 | 진화론으로 모든 학문을 재조직하라!: 에드워드 윌슨 | 침팬지, 인간, 로봇은 모두 기계일 뿐이다 : 대니얼 데닛

6. 《종의 기원》에서 종분화한 분야들 · 145
  콩쥐에 관한 진실: 진화론과 문학
  대통령의 눈물: 진화론과 정치·경제
  인간의 경제 행위는 합리적인가?: 진화론과 경제학
  총각의 힘: 진화론과 과학기술

Chapter 3 대화

갈릴레오와 다윈, 누가 더 도발적이었나? · 164

Chapter 4 이슈

지적 설계 운동에 과학은 있는가? · 178
남자들의 바람기는 유전자 때문인가? · 185
한국에 온 다윈, 그 오역과 오해, 그리고 오용의 역사를 넘어 · 190
시조새와 말의 진화가 교과서에서 빠질 수 없는 이유 · 199

Epilogue 1 지식인 지도 · 206   2 지식인 연보 · 208
           3 키워드 찾기 · 210   4 깊이 읽기 · 213
           5 찾아보기 · 217

Charles Darwin

Chapter 1

초대
INVITATION

William Paley

초대

누가 이 정교한 자연을 만들었나?

부시맨이 사막을 지나다가 우연히 낯선 물건 하나를 발견한다. 마을에 돌아온 그는 조심스럽게 들고 온 그 물건을 추장에게 보여주었다. 원로들의 비밀회의가 급히 소집되었다. 몇 시간이 흐르자 추장은 초조하게 결과를 기다리던 이들에게 그것이 암탉처럼 때를 알려주는 것일 뿐 위험한 물건이 아니라고 공표한다. 모두들 환호성을 지르는 순간, 어디선가 들려오는 목소리.

"그러면 누가 그것을 만들어 우리에게 보냈을까요?"

아마도 또 한 번의 심각한 비밀회의가 열렸을 것이다. 과연 어떤 결론이 나왔을까? 이는 영화 〈부시맨 The Gods Must Be Crazy〉(1980)에서나 나올 법한 가상 사건이긴 하다. 하지만 우리도 정교하고 복잡한 기능을 가진 생명체들이 득실대는 자연계 앞에 서면 영락없이 부시맨이 된다. 이렇게 정교한 기능을 가진 생명체들이 어떻게 해서 생겨났을까?

위대한 질문과 그럴듯한 대답들

적어도 서양에서는 거의 2세기 전에 이 위대한 물음에 대한 그럴듯한 대답이 마련되어 있었다. 뛰어난 신학자이면서 생물학에도 조예가 깊었던 페일리^{William Paley, 1743~1805}는 《자연 신학^{Natural Theology}》(1802)이라는 책에서, 인간의 눈과 같은 복잡한 기관들이 자연적인 과정만으로는 도저히 생겨날 수 없기 때문에 지적인 설계자^{Intelligent Designer}가 필요하다고 논증했다. 즉, 생명체의 놀라운 적응의 배후에 그것을 설계한 신이 존재한다는 생각이었다. 이것은 마치 놀라운(?) 기능의 시계를 처음 보고 그것의 제작자, 혹은 설계자를 떠올리는 부시맨의 추리와도 동일하다.

영국 옥스퍼드 대학의 저명한 동물행동학자이며 과학 대중화의 선봉장인 도킨스^{Richard Dawkins, 1941~}는 바로 그 추리가 오류임을 밝히기 위해 책 한 권을 썼다. 《눈먼 시계공^{Blind Watch Maker}》(1986)에서 도킨스는 생물계의 복잡한 기능들이 '자연선택^{Natural Selection}'을 통해 진화할 수 있기 때문에 지적인 설계자가 필요하지 않다고 주장했다. 그에 의하면 《종의 기원^{Origin of Species}》(1859)을 출간했던 다윈^{Charles Darwin, 1809 - 1882}이야말로 페일리식의 '설계 논증'을 혁파한 최초의 인물이며 자신은 그의 발자취를 따라 자연선택의 창조적인 과정을 현대적인 관점에서 쉽게 설명해준 해설

가일 뿐이라는 것이다. 그는 과학과 신앙 사이에서 괴로워했던 다윈보다 한발 더 나아가 다음과 같은 용감한 결론을 내린다.

"우리는 다윈으로 인해 지적으로 충실한 무신론자가 되었다."

자연선택이 도대체 무엇이기에 창조자로서의 신의 자리마저 대신할 수 있단 말인가? 도킨스는 자연선택을 시계공에 비유한다. 여기까지는 페일리와 똑같다. 하지만 그 시계공이 장님이란다. 즉, 생물의 진화과정은 시계공이 설계도에 따라 부품들을 조립하듯 진행되지 않고 오히려 설계도도 볼 수 없는 장님이 손을 더듬으며 부속을 이리저리 끼워 맞추는 식으로 진행된다는 것이다. 도킨스에 따르면, 자연선택의 결과인 생명체들을 보면 마치 숙련된 시계공이 있어서 그가 설계하고 고안한 것 같은 인상을 주지만, 그것은 어디까지나 인상일 뿐, 실제의 자연선택은 앞을 내다보지도 못하고 절차를 계획하지도 않으며 목적을 드러내지도 않는 그런 '눈먼' 과정이다.

지금도 수난당하는 다윈

그런 눈먼 시계공이 과연 인간의 복잡한 눈 구조를 만들어낼 수 있을까? 적어도 최근 몇 년 전까지도 미국에서는 이 질문에 대해 부정적인 태도를 취하는 사람이 적지 않았다. 심지어 대통령도 직접 한마디를 보탰을 정도다.

> 진화론과 지적설계론을 함께 가르쳐 학생들에게 논쟁이 무엇
> 인지를 이해시키는 것이 타당하다.
>
> 조지 W. 부시 대통령의 말(텍사스 주 언론과의 인터뷰에서(2005. 8. 1))

왜 대통령까지 나서서 과학계의 일에 대해 이러쿵저러쿵 이야기를 했을까? 아마도 자신의 신앙을 고백하고 싶은 욕망(그가 재임시절에도 미국의 보수 기독교 신앙을 노골적으로 드러내왔다는 사실은 잘 알려져 있다)과 자신의 지지 세력층(보수 기독교층)을 기쁘게 하고 싶은 욕망 때문이었을 것이다. 하지만 이런 일이 생길 수 있었던 미국의 독특한 상황을 잠시 검토해보기로 하자.

일단 여기서 부시가 언급한 지적설계론Intelligent Design Theory이 무엇인지부터 간단히 알아보자. 이 가설(정확히 말하면 지적설계 이론이라기보다는 지적설계 가설임)은 생물학적 복잡성이 기존 진화론이 주장하는 자연적 과정을 통해서는 도저히 생겨날 수 없으며 오히려 지적인 초월적 존재(그것이 유대교나 기독교적인 신이건 아니건 간에)의 정교한 설계에 의해서 생겨났다는 생각이다. 마치 복잡한 구조를 가진 시계의 배후에 시계공이 있듯이 복잡한 자연계의 배후에도 그것을 만든 창조자가 있지 않겠느냐는 추론이다.

실제로 현재 미국인들은 진화론에 관한 한 명확히 양분되어 있다. 미국의 TV 방송사 CBS가 2004년 말에 실시한 여론조사에 따르면 미국인 중 65%가 창조론을 진화론과 함께 가르치길 원했고, 한술 더 떠 37%는 진화론 대신에 창조론을 가르쳐야 한다고 답했다. 누가 이런 식의 대답을 했는지를 엿보면 부시 후보를

찍은 유권자 중 45%가 '창조론을 학교에서 가르쳐야 한다'고 주장한 반면 케리 후보 지지자 중에는 24% 정도만 이에 찬성했다. 또한 2004년 성탄절 직전의 《뉴스위크》의 여론조사에 의하면 미국인 중 62%가 '공립학교에서 진화론과 함께 창조론도 가르쳐야 한다'고 응답했다. 게다가, 신이 우리 인간을 오늘과 같은 모습으로 창조했다고 믿는 미국인은 전체의 55%나 된다.

미국에서의 창조론 지지 운동은 지난 100년 동안 부침을 거듭해왔다. 일명 '원숭이 재판'이라 불리기도 하는 스코프스 재판(1925)에서 반진화론법이 통과된 사건부터, 1981년에 아칸소 주에서 창조론자들이 요구했던 '동등시간법(Equal-Time Law, 진화론을 가르치는 시간만큼 창조론도 동등한 시간 동안 가르치도록 요구한 법)'의 등장에 이르기까지 미국의 보수 기독교 층에서는 계속적으로 진화론에 딴죽을 걸어왔다. 1990년대 등장한 '지적설계론'은 진공 속에서 새롭게 탄생했다기보다는 이러한 일련의 흐름 속에서 창조론이 좀 더 세련되어진 경우라고 해석할 수 있다.

미국 펜실베이니아 주의 도버 지역에서 벌어진 법정 싸움은 현대판 창조 대 진화 재판이라 할 만하다. 2005년 도버 카운티의 교육위원회는 학교에서 진화론과 함께 지적설

● 스코프스 재판

1925년 미국 테네시 주에서 반진화론법이 통과되자 미국시민자유연맹의 제안을 받아들인 물리교사 스코프스(John Scopes)가 인간 진화론을 가르친다는 이유로 체포되다. 이 사건에 대해 창조론 진영에서는 브라이언이라는 정치가가 나섰고, 반대편에는 내로라는 유명 변호사가 변론을 맡았다. 전국을 떠들썩하게 만들었던 이 재판에서 배심원들은 스코프스에게 유죄 평결을 내렸지만, 결과적으로 이 재판은 창조론이 과학적으로는 문제가 많은 이론이라는 사실을 전 국민에게 알리는 결정적 계기가 되었다.

스코프스 재판 | 일명 '원숭이 재판'이라 불리기도 하는 이 재판에서 반진화론법이 통과되었지만 오히려 창조론자들의 주장에 문제가 많다는 사실이 온 국민에게 알려지는 계기가 되었다.

계론을 가르치라는 결정을 내렸다. 이에 11명의 학부모와 미국시민자유연맹ACLU의 교육위원회는 이번 결정이 1987년 연방법원의 '공립학교에서는 창조론을 과학이론으로 가르쳐서는 안 된다'는 기본 입장을 심각하게 훼손했다면서 소송을 제기했고, 2005년 12월 20일에 미 연방 지방법원은 도버 카운티 교육위원회의 정책이 위법이라는 판결을 내렸다.

이 판결로 지적설계론을 학교에서 가르치려는 운동은 일단 법적인 제재를 받게 되었다. 하지만 반창조론 운동에 앞장서온 미국과학교육센터National Center for Science Education의 스콧Eugenie C. Scott 소장은 "과거에도 보수 기독교인들의 반발이 있었지만 최근만큼 심한 적은 없었다"고 평가했다. 미국 51개 주 가운데 진화론 수업을 줄여야 한다든지 창조론도 같이 가르쳐야 된다는 요구를 하는 주가 무려 31개 주에 이른다고 한다.

이런 현상이 기독교 국가라 할 수 있는 미국의 독특한 현상이라고 말할 수도 있을 것이다. 아니면 다윈이 미국이 아닌 영국의 과학자라 그런지도 모른다. 하지만 다윈의 나라 영국에서도 최근에 창조론도 언급해야 하는 것 아니냐는 목소리가 나오기 시작했다. 2006년 1월 영국의 BBC방송국이 조사한 바에 따르면 2,000명의 응답자 중 40% 이상이 창조론이나 지적설계론을 학교 과학 수업에서 가르쳐야 한다고 답했다. 구체적인 질문과 응답은 아래의 그림과 같다.

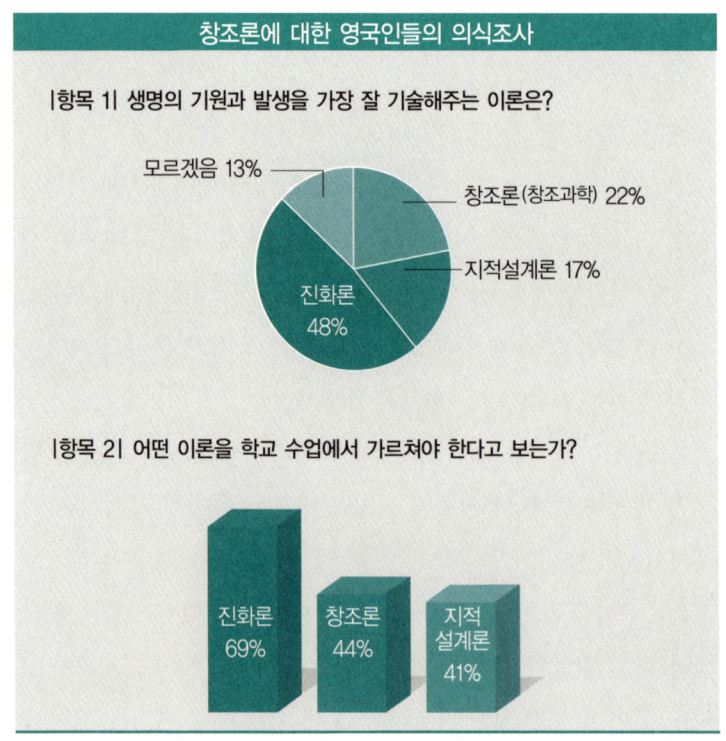

이런 충격적인 결과에 대해 영국 왕립학회의 회장은 "다윈이 이미 150년 전에 제창해 오늘날 방대한 증거에 의해 지지되고 있는 진화론이 일반인들에게 여전히 의심받고 있다는 사실은 정말 놀라운 일"이며, "영국은 미국과는 달리 주요 종교 분파 중에서 진화론을 과학 수업에서 빼자고 주장하는 집단이 없다는 사실이 다행스러울 정도"라고 위안하고 있다.

물론 진화론을 여전히 현대 생물학의 중요한 근간으로 여기고 있는 절대 다수의 미국 과학자들은 이러한 일련의 흐름을 매우 걱정스럽게 여기고 있다. 가령 최근 〈뉴욕 타임스 New York Times〉는 지명한 과학자의 입을 빌려 '지적설계론은 과학이론이 아니다'라고 선언했고 미국과학진흥협회의 회장은 '지적설계론에는 과학이 없으며 과학적으로 대답할 수 있는 질문조차 없다'고 일축했다.

승승장구하는 다윈

'현재 진행 중인 진화(Evolution in Action).'

2005년 12월 23일, 최고의 권위를 자랑하는 과학저널 중 하나인 〈사이언스 Science〉는 진화에 관한 몇 가지 연구들을 '올해 최고의 연구'로 뽑았다. '올해 발표된 연구 성과들을 논의하다가 모든 것들이 진화와 관련되어 있다는 사실을 깨달았다. 분자 수준에 관한 연구들을 종합해볼 때 올해는 가히 진화 연구의 해라 할 만하다. 이는 생물학의 모든 분야가 진화에 바탕을 두고 있다는 증거이기도 하다'는 것이다.
〈사이언스〉가 주목한 연구를 살펴보자. 첫째는 침팬지의 유전체^{genome} 서열을 모두 해독함으로써 인간과 침팬지의 DNA가 4% 정도밖에 차이가 나지 않는 사실을 밝혀낸 것이고, 둘째는 유럽과 호주의 붉은머리꾀꼬리가 두 종으로 분화하는 현상이 관찰되었다는 것이고, 셋째는 빙하기에 북반구에 살던 바다큰가시고기가 빙하기 말에 여러 호수에 퍼져 살다가 이후 10여 종으로 진화하게 된 사실을 유전자 수준에서 확인한 것이다. 그리고 넷째는 1918년 2천만~5천만 명의 생명을 앗아갔던 독감 바이러스의 유전체를 해독함으로써 현재 무섭게 진화하고 있는 조류독감$^{Avian\ Influenza}$ 바이러스의 행동을 좀 더 정확히 이해할 수 있는 기반을 마련한 것이다.

꼭 〈사이언스〉 같은 권위지가 진화의 증거들을 제시하기 위해 나서지 않아도 된다. 왜냐하면 다윈 이후로 진화의 증거들은 계속 축적되어왔기 때문이다. 자연계에서 자연선택이 실제로 어떻게 작용하고 있는지를 명확히 알 수 있는 현상들이 관찰되었고, 미생물이 어떻게 빠르게 진화하여 새로운 종^{種}이 되는지를 쉽게 알 수 있게 되었다. 또한 바이러스가 진화하는 원리를 이용해 여러 질환을 치료하려는 시도들이 야심차게 진행되고 있고, 곤충 같은 무척추동물과 쥐 같은 척추동물이 어떤 공통된 DNA에서 출발했는지도 드러나고 있다. 심지어 인간의 언어 능력과 관련된 유전자가 다른 포유류 동물에서 어떻게 진화하고 있는지에 대한 연구도 활발히 진행되고 있다.

이 모든 연구들의 배후에는 다윈이 버티고 있다. 적어도 과학계에서는 다윈에서 시작된 진화론 전통이 하나의 견고한 패러다임으로 자리잡은 지 꽤 오래다. 진화론 관련 대학교재가 수십 권에 이르고 진화학evolutionary sciences이라는 이론 생물학 분야가 대학에서 자리잡은 지도 꽤 되었으며, 진화론을 공부하고 적용하는 전 세계 학자들이 서로 경쟁적으로 논문을 싣는 전문 학술지가 수십 종이 넘고 진화론과 관련된 각종 학회 역시 그보다 더 많다.

게다가 진화를 소재로 책을 써서 베스트셀러를 만드는 학자들도 한둘이 아니다. 20~30년 전까지만 해도 과학계의 베스트셀러는 대개 커뮤니케이션 능력이 탁월한 물리학자들의 몫이었다. 《코스모스Cosmos》의 칼 세이건, 《시간의 역사A Brief History of Time》의 스티븐 호킹처럼 말이다. 하지만 이제는 《이기적 유전자The Selfish Gene》의 리처드 도킨스, 《통섭Consilience》의 에드워드 윌슨, 《풀하우스Full House》의 스티븐 제이 굴드, 《언어 본능Language Instinct》의 스티븐 핑커, 《총, 균, 쇠Guns, Germs, and Steel》의 재레드 다이아몬드 등이 전 세계의 과학 출판 시장을 움직이는 블루칩이다. 진화는 이제 과학과 대중을 만나게 하는 교량 역할을 충실히 수행할 정도가 되었다. 더욱 흥미로운 사실은 지난 10여 년 동안 진화론이 생물학의 울타리를 뛰어넘어 무서운 속도로 다른 분야로 적용 범위를 확장해가고 있다는 점이다. 전통적인 경제학의 주제들에 진화론을 접목시킨 진화경제학, 인간의 인지 능력에 대해 진화론적 관점을 적용시킨 진화심리학, 자연선택론의 관점에서 질병의 원인과 처방을 바라보는 진화의학, 인간의 도덕성마저도 진화의 산물로 이해하려는 진화철학, 그리고 예술과 종교를 비롯해 인간만이 가진 고유한 능력이라고 여겨지는 것들이 어떻게 진화론적 뿌리를 갖고 있는지를 탐구하는 진화예술학 등이 그것이다. '진화 패러다임'이 과학계를 넘어 인문사회학 분야까지 확장되고 있는 것이다.

페일리의 후예인가, 다윈의 후예인가?

이런 흐름 역시 사실이라면 우리는 더욱 혼란스러울 수밖에 없다. 진화론이 학계에서는 점점 더 자신의 세력권을 넓히고 있는데, 왜 다른 한편으로는 진화론에 대한 반감과 의심들이 증가하고 있는 것일까? 한쪽은 이른바 다윈 혁명을 몸소 경험한 사람들처럼 행동하고 다른 한쪽은 그런 혁명이 전혀 일어난 적이 없었다는 듯 행동하고 있다. 마치 다윈의 후예들과 페일리의 후예들이 서로 대립하고 있는 형국이다.

이 책은 바로 이런 혼란의 정체가 과연 무엇인지를 궁금해하는 독자들을 위해 쓰였다. 타임머신을 타고 200년 전으로 돌아간 독자들은 페일리를 만나 그가 말년에 품었던 위대한 질문('이 복잡하고 정교한 자연이 어떻게 생겨나게 되었을까?')과 '설계 논증 argument from design'이라 불리는 그의 그럴듯한 대답을 만나게 될 것이다. 그 옆방에는 페일리의 질문에는 전적으로 공감했지만 전혀 다른 대답을 내놓았던 다윈이 살고 있다. 다윈과 페일리는 동일한 질문에 다른 목소리로 화답했던 위대한 사상가들이다.

페일리의 위대한 질문과 대답이 다윈의 인생 속에서 어떻게 서서히 진화했을까?

Charles Darwin

Chapter 2

만남
MEETING

William Paley

만남 1

페일리의 시계의 《자연신학》

> 당시 나는 페일리의 전제들에 문제가 있다고 느끼지 못했다.
> 오히려 그것을 굳게 믿은 채 그의 긴 논증에 빠져 있었다.
> - 찰스 다윈, 《나의 삶은 서서히 진화해왔다》(1887)

페일리의 시계

윌리엄 페일리의 《자연신학 Natural Theology》(1802)은 다윈이 케임브리지 대학에 다니는 동안 거의 유일하게 옆에 끼고 다니던 책이었다. 나중에 다윈은 이 책에 대한 견해를 크게 바꿨지만 당시에는 그 책 속에 펼쳐진 하나의 긴 논증에 매혹당했다. 그 논증은 "이 자연계에 그토록 정교하고 복잡한 구조와 기능을 가진 생명체들이 어떻게 존재하게 되었는가?"라는 훌륭한 질문에 대한 하나의 대답이었다. 페일리는 "초자연적이며 지적인 존재인 신이 자연계를 설계했기 때문이다"라고 대답한다.

1743년 영국의 피터버러에서 태어난 페일리는 1763년에 케임브리지 대학의 크라이스트 칼리지를 졸업하고 1768년에 같은 대학의 교수가 되었으며, 1782년에는 부주교에 올랐다. 그는 1785년에 자신의 강의에 기반한 《도덕 및 정치철학 원리 The Principles of Moral and Political Philosophy》라는 책을 출판했다. 이 책은 곧바로 케임브리지 대학의 표준 교과서로 채택될 정도로 훌륭한 저작이었고 페일리 생전에 무려 15판이나 찍었을 정도로 인기가 많았다. 하지만 그는 이러한 화려한 학문적 성취에 비해 종교계에서의 영향력은 미미한 편이었는데, 왜냐하면 노예제도 폐지를 비롯한 그의 몇몇 견해들이 당시의 주류 종교계에 수용될 수 없었기 때문이다.

두 번째로 중요한 저서는 《기독교의 증거에 대한 견해 View of the Evidences of Christianity》(1794)이다. 이것은 기독교 옹호를 목적으로 한 종교철학서인데 케임브리지를 졸업하는 학부생들이 반드시 읽고 시험까지 봐야 하는 필독서로 지정되었다. 하지만 페일리가 쓴 가장 중요한 저작은 무엇보다도 《자연신학》이다. 다윈이 그의 자서전에서 고백했듯이 학부 시절에 다윈은 이 필독서의 논증에 깊이 매료되었다.

페일리가 이야기하는 '자연신학'이란 신의 계시가 아닌 인간의 경험, 기억, 내성, 추론 등으로 신의 존재와 본질을 이해하고 결과적으로 유신론적 증명으로까지 나아가는 일련의 지적 탐구다. 역사적으로는 과학혁명을 거치면서 18~19세기 영국을 중심으로 나타난 종교사상적 흐름을 말한다. 당시에 유럽인들은 '신이 쓴 두 권의 책, 즉 성서와 자연을 통해 신께 이를 수 있다'는 갈릴레오의 정신을 이어받아 신의 뜻을 더 잘 이해하고 신께 영광을 돌리기 위해 자연의 비밀을 탐구하는 일에 큰 가치를 부여했다. 즉, 그들에게 자연은 신의 섭리가 충만히 드러나 있는 공개 장소였다.

이쯤 되면 페일리가 자신의 책에 《자연신학》이라는 이름을 붙인 이유를 충분히 짐작할 수 있을 것이다. 그는 이 책에서 자연 속에 숨어 있는 신의 설계^{design}를 찾아내 신의 존재를 증명하고 신의 속성을 이해하고자 했다. 그렇다면 신앙심이 아주 깊은 사람이었다고 할 수도 없는 다윈이 무엇 때문에 이 책에 푹 빠졌을까? 《자연신학》의 첫 장을 넘겨보자.

> 내가 들판을 거닐다가 발에 돌이 채였는데, 그 돌이 어떻게 그곳에 있게 되었는가를 묻게 됐다고 해보자. 나는 아마도 그 돌이 언제나 거기에 있었다고 대답할 것이다. 아마 이런 대답이 불합리해 보이지는 않을 것이다. 그러나 만일 내가 땅에서 시계를 발견하고, 그것이 어떻게 그곳에 있게 되었는지를 묻게 됐다고 생각해보자. 이 경우에는 아까처럼 그 시계가 항상 거기에 있었다고 대답하기에는 뭔가 부족해 보인다. 왜 그럴까?

심상치 않은 시작이다. 신의 존재를 증명하려는 진중한 시도에 웬 '돌'과 '시계'인가? 뭔가 뜸을 들이는 것 같다.

> 우리는 시계를 조사해보면, 시계가 (돌에서는 발견할 수 없었던) 특정한 목적을 위해 몇 가지 부품들로 짜 맞춰져 결합되어 있다는 것을 알게 된다. 즉 부품들은 작동하기 위해서 만들어지고 조절되었으며, 운동은 하루의 시간을 지시하도록 통제되

어 있다. 만약 다른 부품들이 현재의 모습과 다르게 만들어졌고, 현재의 크기와 다른 크기로 만들어졌거나 다른 방식 또는 다른 순서에 따라 배치되었다면, 기계는 전혀 작동하지 않거나 현재 기능하고 있는 그 용도가 아닐 수도 있다. 만약 이 시계를 관찰하면 우리는 그것을 만든 사람이 반드시 있었다는 결론을 피할 수 없다. 그 존재는 시계의 구조를 이해하고 그 용도에 따라 설계했다.

페일리는 돌과 시계의 차이를 비교한 후 시계를 자연의 생명체에 유비한다. 왜냐하면 '자연의 고안물은 그 메커니즘의 복잡성, 정교함, 신기함에 있어서 인간이 만든 고안품을 능가'하기 때문이다. 시계를 능가하는 자연의 고안물에는 뭐가 있을까? 그는 인간의 '눈^{eye}'을 예로 든다. 아마도 인류는 망원경, 현미경, 카메라 등을 만들기 위해 죽은 사람의 눈을 수만 번 해부해봤을 것이다. 실제로 페일리는 《자연신학》의 한 장을 할애해 인간의 눈이 얼마나 복잡하고 정교하게 설계되어 있는지를 망원경의 구조와 기능에 비교해 설명하고 있다. 그러고는 '망원경이 지적인 존재에 의해서 설계된 것이라면, 그보다 더 복잡한 구조와 기능을 가진 인간의 눈도 당연히 지적인 설계자의 산물'이라고 주장한다.

복잡한 것이 어디 눈뿐이겠는가? 그는 자신의 생물학 지식을 총동원하여 지적 설계자의 손길이 드러나는 수많은 사례들을 발굴한다. '설계의 징표는 부정할 수 없다. 설계에는 반드시 설계자가 있어야 하고 그는 인격을 가져야만 한다. 그 인격이 바로 신^{God}이다'라고 결론내린다. 인류의 지성사에서 가장 우아한 '유비 추론 analogical inference'이라는 평가를 받기도 하는 이 논증은 다음과 같이 간략하게 재구성할 수 있을 것 같다.

> **1단계** 돌과는 달리 시계는 정교한 장치들이 모여 특정 기능을 하는 복잡한 기계다.
> **2단계** 복잡한 기계는 저절로 생겨날 수 없으며 지적인 설계자에 의해 만들어진다.
> **3단계** 따라서 시계도 지적 설계자(시계공)에 의해 만들어졌다.
> **4단계** 자연은 시계보다 더 복잡한 기계와 같다.
> **5단계** 따라서 자연도 지적 설계자에 의해 만들어졌다.

사실 페일리는 5단계 정도에 만족하지 않고 '그 설계자는 신이다'라는 결론까지 이끌어낸다. 그런데 조금 이상하지 않은가? 뭐 이 정도가 인류 지성사에 길이 남을 추론이라니! 자연의 질서와 생명의 오묘함을 한 번이라도 느껴본 사람이라면 자연스럽게 할 수 있는 생각이 아닐까? 들에 핀 꽃 한 송이를 보라! 나무 타기의 명수 원숭이를 보라! 이 놀라운 생명체가 그냥 저절로 생겨났겠는가? 이런 사고방식은 어쩌면 보통 사람들에게 매우 익숙한 것이리라. 페일리가 다른 사람에 비해 똑똑해서 위와 같은 설계 논증을 제시한 것은

● **유비 추론**
잘 알지 못하는 현상을 설명하기 위해 잘 알려진 익숙한 현상을 적용하는 추론 방식. 예를 들어, 전자의 운동을 행성의 운동법칙으로 설명하려는 시도 등이 이에 해당한다. 페일리의 경우에는 자연계를 이해하기 위해 시계에 대한 설명을 차용했다.

아니다. 어쩌면 상식적인 내용을 좀 더 정교하게 표현한 것에 불과할지도 모른다.

역사적으로 보면 이런 시계 유비를 통해 신 존재를 증명한 사람은 페일리가 처음이 아니다. 네덜란드의 철학자 니우엔팃 Bernard Nieuwentyt, 1654~1718 은 시계에서 시계공의 존재로 나아가는 추론을 이미 100년 전쯤에 제시한 바 있다. 이처럼 시계 유비에 의한 설계 논증을 최초로 제시한 사람은 페일리가 아니다. 그렇다면 도대체 왜 그가 지성사의 한 페이지를 장식하는 학자의 목록에 올랐을까?

우선 그는 설계의 증거처럼 보이는 수많은 사례들을 자연계 속에서 발굴해냈다는 점에서 전통적인 설계 논증을 격상시켰다. 1800년대 초반까지만 해도 설계 논증은 지식인들뿐만 아니라 일반인들 사이에서도 널리 받아들여지던 생각이었다. 하지만 그 생각을 뒷받침해주는 사례들은 대개 지상의 존재들이 아니라 천상의 것들이었다. 즉, 정교한 천체운동을 가능하게 만드는 오묘한 자연법칙과 원리들을 발견해 설계 논증을 강화하고 신 존재 증명으로까지 나아가는 식이었다. 갈릴레오가 그랬고, 데카르트가 그랬으며, 뉴턴이 그랬다. 반면 페일리는 천문학이나 물리학의 자원들보다는 생물학의 자원을 발굴해서 설계 논증을 발전시켰다는 점에서 근본적으로 다르다.

> **베르나르트 니우엔팃**
> 네덜란드의 수학자이자 철학자, 신학자. 네덜란드 북부의 퓌르메런트의 시장이기도 했다. 니우엔팃은 17세기 말에 세상의 창작품들을 통해 신의 존재와 지혜를 증명하는 글들을 발표했고, 이를 모은 것이 《신앙의 철학자The Religious Philosopher》(1718)라는 책으로 출판됐다. 니우엔팃의 시계 추론도 이 책에 수록돼 있다.

설계 논증의 뿌리를 찾아서

스코틀랜드 출신의 경험주의 철학자 흄$^{David\ Hume,\ 1711\sim1776}$은 《자연신학》이 나오기 23년 전에 이미 《자연종교에 관한 대화 $^{Dialogues\ Concerning\ Natural\ Religion}$》(1779)에서 설계 논증 전반에 대한 문제점을 고찰한 바 있다. 이 책에는 세 명의 가상 인물 클리안테스, 데미아, 필로가 나와 종교에 대해 대화를 나눈다. 여기서 회의론자로 등장하는 필로는 흄의 대변자인데 그는 정통 철학자로 등장하는 클리안테스가 펼치는 다음과 같은 설계 논증에 대해 비판적 입장을 취한다.

> 세상을 둘러보라. 세상 전체와 모든 부분들을 응시해보라. 하나의 커다란 기계만이 당신 눈앞에 보일 것이다. 그 기계는 무수히 작은 다른 기계들로 나뉘고 결국에는 인간의 감각으로 느낄 수 없을 정도로 잘게 나뉠 것이다. 이 모든 기계들과 그 부분들은 서로서로 정확하게 잘 들어맞는다. 자연을 통틀어 수단이 목표에 신기하리만치 잘 들어맞는 것은, 인간의 고안품(인간의 설계, 생각, 지혜, 지성이 들어간)이 잘 들어맞는 것과 정확히 닮았다. 물론 자연의 경우 더 잘 들어맞는다. 따라서 결과들이 서로 닮았기 때문에 유비의 규칙에 의해 우리는 원인들도 닮았다고 추론하게 된다. 즉, 자연의 저자$^{Author\ of\ Nature}$는 인간의 마음과 어딘가 닮았다. 물론 자연은 인간보다 훨씬 더 큰 능력을 지니고 있긴 하다. 이런 후험적 $^{a\ posteriori}$ 논증에 의해 우리는 신성의 존재를 증명하고, 인간의 마음 및 지

성과 신의 그것이 닮았다는 것을 증명하게 된다.

클리안테스는 지금 '인공물에 설계자가 있다면 자연엔 누구?'라 묻고 그에 대한 답을 '창조주'라고 추론한다. 하지만 필로는 이런 식의 유비 추론에 난점이 있다고 말한다. "자연이라는 기계를 설계한 존재는 꼭 하나여야 하는가? 인공물을 만드는 과정에서 있을 수밖에 없는 수많은 시행착오를 자연계의 설계자도 범하는가?"

필로의 입을 통해 흄이 전하려는 메시지(설계 논증의 문제점)는 분명해 보인다. 첫째, 인공물과 자연은 본질적으로 서로 다른 대상(인공물은 기계이고 자연은 생명이다)이기 때문에 둘 사이의 유비 자체가 성립하지 않는다. 둘째, 인공물과 자연이 어떤 측면에서 어느 정도로 유사한지에 대해서도 객관적인 합의를 이끌어내기 어렵다. 셋째, 설령 유비가 잘 성립한다 해도 자연계에 만연해 있는 고통과 악의 문제 때문에 그 지적인 존재가 자비로운 신인지 불분명하다. 넷째, 자연에 놀랍도록 잘 적응해 있는 복잡한 형질에 대해서는 유비 자체가 문제되지 않겠지만 그렇지 못해 보이는 형질들에 대해서는 유비 추론 자체가 성립하지 못할 수도 있다. 자연계에도 늘 음지가 있기 마련이다.

마지막으로 흄은 설계 논증을 따르는 사람들이 앞에서 설명한 페일리의 가설 4단계에서 5단계로 나갈 때 대안적 가설들을 간과하는 성향이 있다고 비판한다. 그리고 필로를 통해 지적인 설계자를 상정하지 않고도 자연물의 복잡성을 설명할 수 있는 방법을 모색했다. 하지만 흄은 결국 정교한 자연을 설명할 만한 다른 자연적 요인들을 찾지 못했다. 그가 만일 100년 후에 태어났더라면 필로는 《자연종교에 관한 대화》에서 지금보다 훨씬 더 의기양양했을 것이다.

현대로 넘어와서 영국의 천문학자 프레드 호일$^{Fred\ Hoyle,\ 1915~2001}$도 클리안테스와 같은 주장을 펼쳤다. 그는 재밌는 유비(아래 그림 참조)를 사용하여 우연만으로는 세포, 기관, 개체와 같은 복잡한 자연의 구조물들이 만들어질 수 없다고 논증했다.

프레드 호일의 진화론 비판
고철 더미 위로 방금 무시무시한 토네이도가 지나갔다고 치자. 이 토네이도 때문에 고철들이 서로 조립되어 보잉 747여객기가 될 확률은 얼마 정도가 될까? 그것은 '0'에 가까울 것이다. 마찬가지로 간단한 세포 하나라도 우연만으로는 도저히 생겨날 수 없다.

우주의 기원에 대한 주류 입장인 빅뱅 이론˙을 거부하고 정상우주론˙ steady state universe theory 을 제시한 호일은 천문학뿐만 아니라 과학 문화 전반에 영향을 끼친 훌륭한 과학자다. 하지만 다윈 이후에 태어난 사람임에도 불구하고 그는 다윈의 자연선택론을 제대로 이해하지 못했다. 뒤에서 살펴보겠지만 자연선택은 복잡한 형질을 이렇게 단번에 만드는 방식이 아니라 덜 복잡한 형질에서 조금 더 복잡한 형질을 만드는 방식으로 누적적으로 작동하기 때문이다.

설계 논증에 관심이 있었던 철학자는 흄뿐만이 아니다. 독일 철학자 칸트 Immanuel Kant, 1724~1804 도 《순수이성비판 Kritik der reinen

---

🌐 **정상우주론**
우주는 시간과 공간을 초월하여 언제 어디서나 같은 모습이라고 보는 우주관으로, 우주는 모든 곳에서 균일하고 거시적 규모에서 변화가 없다는 관점이다. 즉 우주는 항상 팽창하되, 지속적으로 탄생하는 새로운 물질들이 있어 팽창에 의한 감소를 보충하고 평균 밀도를 일정하게 유지한다는 것이다.

🌐 **빅뱅 이론**
우주는 모든 물질이 한 점에 모여 일으킨 대폭발의 결과라는 천문학 이론으로, 이에 따르면 현재의 우주는 처음에 대폭발을 일으켜 그 폭발의 여파로 팽창을 계속하는 단계에 있다. 오늘날 '표준 우주론'으로서 널리 받아들여지고 있는 이 우주론을 뒷받침하는 근거로는, 멀리 떨어진 은하일수록 우리 은하계로부터 빠른 속도로 멀어지고 있다는 사실과 우주배경복사가 있다. 특히 1929년 미국의 허블(Edwin P. Hubble, 1889~1953)은 외부 은하의 스펙트럼에 나타난 적색편이로부터 외부 은하들이 우리 은하계로부터 빠른 속도로 후퇴하고 있다는 사실을 밝혀냈다.

Vernunft》에서 당대의 설계 논증에 대해 몇 마디를 던진다. 그는 "설계 논증으로는 기껏해야 지적 설계자의 존재를 주장할 수 있을 뿐, 그 설계자가 신God이라는 사실을 입증하지 못한다"고 말했다. 하지만 그는 적어도 생명의 세계를 파악하기 위해서는 물리의 세계와는 달리 '목적인final cause'을 언급할 수밖에 없다고 주장한다. 이 목적인은 무엇일까?

이 목적인에 대한 이야기를 하기 위해서는 서양 사상의 공통 조상격인 아리스토텔레스Aristoteles, BC 384~322에게로 거슬러 올라가야 한다. 그는 《자연학Physica》에서 우리는 어떤 대상에 관해 네 가지 물음을 던질 수 있고, 각각에 따라 네 가지 원인이 있다고 보았다(아래 표 참조). 예를 들어보자. 다윈이 태어나고 어린 시절을 보낸 슈루즈베리에는 다윈의 동상이 있는데 이를 네 가지 원인에 따라 정리하면 ① 좌상坐像, ② 청동, ③ 주물, ④ 기념'이 된다.

아리스토텔레스는 특히 생명에 있어서는 '목적인'이 가장 중요하다고 주장한다. 가구를 만든 목공예가가 있다고 해보자. 누

대상에 관한 물음	그 원인
① 그것은 무엇인가?	사물을 결정하는 형상인(formal cause)
② 그것은 무엇으로 만들어지는가?	사물을 구성하는 질료인(material cause)
③ 그것은 무엇에 의해 만들어지는가?	사물을 만들어주는 작용인(efficient cause)
④ 그것은 어떤 목적을 위해 만들어지는가?	사물이 만들어진 목적인(final cause)

누가가 그 가구에 대해 설명을 해 달라고 할 때, 아리스토텔레스는 형상인, 질료인, 작용인만으로는 충분하지 않다고 말한다. 즉, 그 가구를 무슨 목적으로 만들었는 지(신혼부부를 위한 침대인지, 아이들을 위한 침대인지 등)도 명시될 필요가 있다는 것이다. 그에 따르면 이 '목적인'은 동식물에 대해 설명할 때는 특히 빠지면 안 된다. 그렇다면 생명체의 목적인은

다윈의 고향 슈루즈베리에 있는 다윈의 동상

무엇일까? 이 질문에 대해 그는 '그 개체의 웰빙(well-being, 그 개체가 잘 먹고 잘사는 것)'이라고 짧게 답한다.

예를 들어보자. 가령 누군가가 "거북의 앞발은 무슨 목적 때문에 있는가?"라고 물었다. 아리스토텔레스는 틀림없이 "거북이 좀 더 잘살기 위해서"라고 답할 것이다. 그리고 거기서 더 이상 나아가지 않을 것이다. '잘산다'는 게 도대체 무엇을 의미하는 지, 어떻게 그렇게 되는 것인지, 또 왜 그래야만 하는지에 대해서 더 이상 설명이 없다. 또한 특정 기능을 잘 수행하는 앞발이 신과 어떤 관련이 있는지에 대해서도 그는 입을 다물고 있다.

하지만 페일리라면 어떨까? 그는 아마도 '바다에서 헤엄을 잘 치게끔 신적인 존재가 설계한 뛰어난 작품'이라고 답할 것이다. 이렇게 자연계의 정교한 질서와 현상에 대해 아리스토텔레스부터 시작된 설계 이야기는 흄, 칸트, 페일리로 이어지면서 약간씩

변화했다. 설계 이야기는 생명현상을 이해하기 위해서는 꼭 필요한 도구처럼 여겨졌다. 그리고 비로소 다윈에 이르러서야 새로운 개념종槪念種이 탄생한다. 이전의 설계 이야기에서 나왔지만 그것과는 서로 이질적이고 양립 불가능한 개념이었다. 영국의 동물행동학자 도킨스는 그래서 다음과 같이 말했다.

"드디어 우리는 다윈 때문에 지적으로 충실한 무신론자가 되었다."

만남 2

다윈의 핀치와
《종의 기원》

마치 살인을 자백하는 것 같군. - 다윈, 〈후커에게 보낸 편지〉(1844)
자연, 피로 물든 이빨과 턱이여. - 테니슨, 〈인 메모리엄〉(1850)

별 볼일 없던 청년 다윈, 비글호를 타다

"인류의 역사상 최고의 아이디어를 낸 사람은 누구인가? 딱 한 사람만 골라야 한다면 나는 주저 없이 다윈을 택하겠다."

미국의 저명한 철학자 대니얼 데닛$^{Daniel\ C.\ Dennett,\ 1942\sim}$은 그를 감히 뉴턴이나 아인슈타인보다 더 위대한 사상가라고 치켜세운다. 그는 그 이유를 "자연선택이라는 메커니즘을 도입해 의미와 목적이 없는 '물질 영역'과 의미, 목적, 그리고 설계가 있는 '생명 영역'을 통합시켰기 때문"이라고 찬사를 아끼지 않는다. 하지만 에든버러 대학에서 의학 공부를 채 2년도 못 채우고 낙향한 18세 청년을 그 누가 인류 역사상 최고의 아이디어를 낼 만한 인물이

의학과 신학 등 버젓한 학문을 해보려던 청년 시절의 다윈

될 것이라고 기대했겠는가? 오히려 성공한 의사였던 아버지는 그를 "사냥개, 쥐잡기에나 관심이 있는 너는 가족과 네 자신에게 부끄러운 존재가 될 거다"라며 심하게 나무랐다. 찰스 로버트 다윈의 아버지는 후에 자신의 이 말을 일생일대의 최대 실수로 여겼으리라.

다윈은 아들의 장래를 걱정하는 아버지의 심정을 모르는 바 아니었기에 열여덟 살 때 신학을 공부하러 케임브리지 대학에 간다. 하지만 이번에도 마음은 콩밭에 가 있었다. 실제 전공은 성서 해석이 아니라 딱정벌레 분류나 다름없었고, 최대 관심사는 어떻게 해야 영국을 떠나 생명이 우글대는 열대림을 탐험할 수 있는가였다. 인류에게 '적응'이라는 화두를 처음으로 던진 그였지만 정작 그 자신은 주변 환경에 적응하는 데 계속해서 실패해온 셈이다. 하지만 환경도 언젠가는 변하는 법. 다윈은 우여곡절 끝에 비글^{Beagle}호에 승선하고 꿈에 그리던 남아메리카로 향한다.

만일 다윈이 당시에 비글호를 타지 못했다면 어떤 일이 벌어졌을까? 분명 5년 동안(1831~1836) 뱃멀미와 말라리아 등으로 고생할 필요는 없었겠지만 '다윈'이라는 이름이 오늘처럼 생존·번영하지도 못했을 것이다. 물론 《종의 기원》도 탄생하지 못했을지도 모른다. 사실 다윈에게 비글호 승선을 제안했던 케임브리지 대학의 헨슬로 교수는 처음부터 다윈을 지목하지는 않았다. 다윈은 일종의 '대타' 자격으로 비글호 티켓을 얻은 셈이었다. 또한 소심한 그는 아버지의 심한 반대에 부딪혀 꿈을 접으려고까지 했었다. 당시 명문 가문의 자제 중에 불결하고 위험한 선원 생활을 자청하는 사람은 거의 없었다. 어쨌든 다윈은 기막힌 몇 번의 우연과 난관들을 뚫고 비글호에 오르게 된다.

비글호 탐험과 다윈의 핀치

다윈이 1831년에 비글호에 승선하면서 챙겼던 재산 목록 1호는 찰스 라이엘^{Charles Lyell, 1797~1875}의 《지질학 원리 1 ^{Principles of Geology 1}》

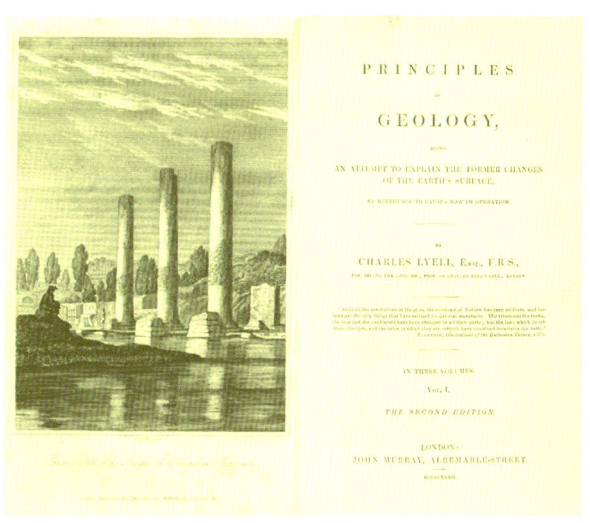

다윈에게 영감을 준 찰스 라이엘의 《지질학 원리》

(1830)이었다. 배 전체 길이가 26미터밖에 안 되는 비글 호의 좁은 방 안에서 다윈은 자신의 우상 라이엘이 쓴 이 책을 탐독했다. 그가 얼마나 이 책에 열광했는지는 집에서 보내 온 소포들 중에서 그를 가장 즐겁게 만든 것이 가족의 편지가 아니라 1832년에 출간된 라이엘의 《지질학 원리 2》였다는 사실만으로도 짐작할 수 있다. 1844년에 다윈은 편지에 다음과 같은 고백을 하기도 했다. "내 책의 반은 라이엘의 머리에서 온 것같이 느껴진다."

이유야 어찌되었든 그는 비글호에 승선하고부터 라이엘의 동일과정설 uniformitarianism의 매력에 푹 빠져들게 된다. 사실 다윈이 햇병아리 과학도였던 시절에는 지질의 급격한 변화를 지지하는 사람들(대표적으로 프랑스의 퀴비에)과 점진적 변화를 주장하는 사람들(대표적으로 라이엘) 간에 심각한 대립이 있었다. '현재는 과거의 열쇠다'라는 문장으로 요약할 수 있는 라이엘의 동일과정설은 오늘날 영향을 미치고 있는 모든 과정과 법칙들이 지구의 전체 역사에도 그대로 적용된다는 이론이다. 쉽게 말하면 오늘날 지구가 늘 대규모 화산 폭발, 운석 충돌, 해수면 급상승 등과 같은 격변에 시달리지는 않듯이 과거에도 그랬을

비글호 항해 길(1831~1836)

것이라는 견해다. 라이엘의 이론에 심취한 다윈은 생명의 진화가 그 누구도 살아서 목격할 수 없을 정도로 천천히 진행되는 장엄하고 정연한 과정일 것이라고 생각했다. 다윈의 진화론을 점진론gradualism이라고 부르는 것도 이 때문이다.

비글호 탐험은 다윈의 일생에서 가장 특별하고 중요한 경험이었다. 그 경험이 얼마나 넓고 깊었던지 그 이후로 그는 영국 밖을 단 한 발짝도 나가지 않았고, 그것을 정리하고 이론화하는 데 여생을 다 보냈다. 다윈은 정박지에서 열대림과 해안을 누비며 온갖 동식물을 관찰하고 채집했으며 영국에서만 있었으면 전혀 상상할 수도 없었을 지진도 경험했다. 생태와 화석, 지층에 대해

관찰한 경험을 통해 다윈은 아주 긴 기간 동안 벌어질지도 모르는 종의 진화에 서서히 눈을 뜬다.

이런 맥락에서 갈라파고스 군도의 탐험은 비글호 항해의 절정이었다. 총 16개의 크고 작은 섬으로 이뤄진 이 군도는 사실 아마존과 같이 기기묘묘한 생명체들이 우글대는 곳은 아니었다. 다시 말해 다양성 자체가 특출한 공간은 아니었다. 대신, 다양성의 '원인'이 흘깃 보이는 곳이었다. 거대 거북의 등껍질 형태는 육안으로도 구별이 가능할 정도로 각 섬마다 서로 달랐다. 또한 전체적으로는 비슷하지만 부리 모양이 조금씩 다른 새들이 섬 주위 여기저기에 서식하고 있었다. 왜 이런 넓지 않은 공간에 이런 식의 다양성이 생기게 되었을까?

그 당시에 다윈은 이 중요한 질문에 매료되지는 못한 것 같다. 그는 그 섬들에 분포해 있는 각종 새의 표본들을 만들기는 했으

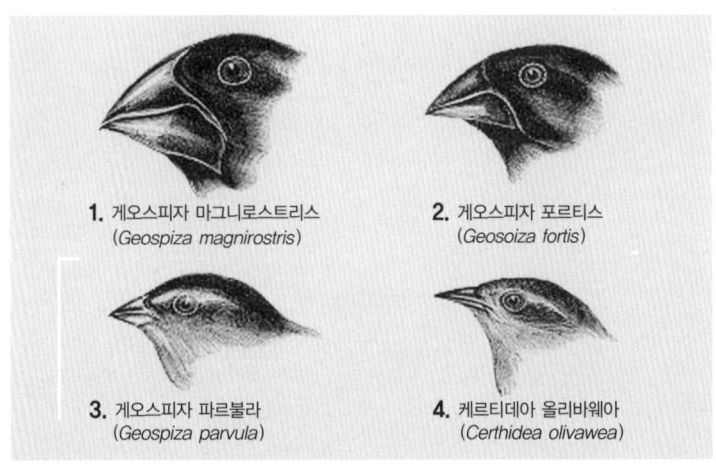

갈라파고스 군도의 핀치 | 핀치의 부리는 먹이에 따라 다양한 형태로 적응되었다.

나 정작 어디서 어느 새를 채집했는지조차 기록하지 않았을 정도로 그 중요성을 알지 못했다. 그로부터 2년쯤 후에 영국 최고의 조류학자 존 굴드John Gould, 1804~1881에게서 뜻밖의 결과를 전해들은 이후에야 당시의 자료가 범상치 않은 것임을 깨달았다.

물론 당시에도 다윈은 부리가 크고 뭉뚝한 새는 큰 씨앗을 쉽게 깨뜨리는 데 유리하고, 뾰족한 집게 모양 부리를 한 새는 작고 깊이 숨어 있는 씨를 끄집어내는 데 유리하다는 사실을 눈치채긴 했다. 하지만 별 의심 없이 이들이 서로 별로 상관없는 다른 종일 것이라고 짐작했다. 즉 각각이 다른 종인 핀치, 굴뚝새, 검은지빠귀들인 줄 알았던 것이다.

하지만 굴드의 관찰 결과는 놀라운 것이었다. 그 새들은 같은 핀치류로서, 단지 특정 먹이를 먹기에 적합하도록 굴뚝새나 검은지빠귀의 부리와 비슷한 부리를 갖게 되었다는 점을 밝혀낸 것이다. 어쩌면 그 순간 다윈의 머릿속에 하나의 '위험한 생각'이 스치고 지나갔는지도 모른다. 다양한 핀치 종들이 따로따로 창조된 것이 아니라 남아메리카 대륙에 서식하는 한 종의 공통 조상으로부터 갈라져 나왔을 수도 있겠다는 생각, 그리고 생명이 전지전능한 신에 의해 창조된 것이 아니라 자연의 선택이나 환경의 힘에 의해 적응되어 변화해왔

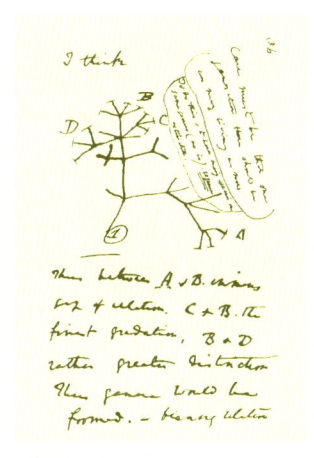

다윈이 비밀노트에 그린 나뭇가지 모양의 계통도

을지도 모른다는 생각이 시작된 것은 이때부터가 아닐까.

1837년부터 다윈은 자신의 비밀노트 한 구석에 하나의 종이 새로운 종으로 가지치기를 해나가는 계통도를 그리기 시작한다. 이런 맥락에서 핀치finch는 진화론의 역사에 등장하는 가장 중요한 동물일 것이다. 그래서 다윈의 후예들은 그 새에게 '다윈의 핀치'라는 별명을 붙여주기도 했다.

자연선택론의 싹이 트다

1838년 다윈은 맬서스 Thomas R. Malthus, 1766~1834 의 《인구론 An Essay on the Principle of Population》(1798)을 정독한다. 교구 목사이며 영국 최초의 정치경제학 교수이기도 한 맬서스는 그 책에서 인구 증가가 식량 공급을 초과함으로써 한 명당 식량이 감소하게 될 것이라고 예측했다. 인구는 다른 개입 요소가 없을 때 기하급수적으로 증가하는 데 비해 식량 공급은 산술급수적으로 증가하기 때문이다. 대신 그는 사고나 자연사와 같은 자연적 원인들, 전쟁과 기근과 같은 재난, 만혼晩婚이나 금욕과 같은 도덕적 절제, 그리고 살인과 동성애 등이 과도한 인구 증가를 억제할 수 있으리라 믿었다. 맬서스가 보기에 인류가 아직 멸망하지 않은 이유는 역설적이게도 바로 이런 억제 요소들이 인류사에서 지속적으로 작용해왔기 때문이다.

그가 정말로 인류의 미래를 비관적으로 보았는지는 분명하지 않다. 오히려 그는 도덕적 절제 등을 통해 인구 과잉으로 인한 비참함에서 인류가 자유로워질 수 있다고 말한다. 한 가지 더 흥미로운 점은 그가 이런 절제를 노동계급이나 하층민의 의무로만 여기고 있다는 사실이다. 따라서 그는 인구 과잉 현상 같은 사회적 질병이 생기는 원인은 일차적으로 도덕적 절제에 실패한 노동계급과 하층민에게 있다고 주장하기도 했다.

맬서스는 이렇게 인구 과잉으로 인한 인류의 멸망 가능성을 보임으로써 계몽주의적 낙관론을 비판하려 했다. 그에 의하면 사회개혁을 위한 모든 노력은 실패할 수밖에 없는데, 왜냐하면 빈곤은 사회적 불평등의 결과가 아니기 때문이다. 어떤 집단이라도 그 집단의 용량이 식량 공급을 초과할 것이기 때문에 빈곤은 자연스럽게 발생할 수밖에 없다. 맬서스는 여기서 누가 죽고 누가 사는가를 결정하는 '생존투쟁struggle for existence'이 일어날 수밖에 없다고 말했다.

다윈은 암울한 현실인식과 미래관이 짙게 배어 있는 이 책에서 오히려 생명 진화의 큰 힘을 발견하게 된다. 어떤 집단의 몇몇 개체들은 특정 조건하에서 더 잘 살아남을 수 있는 형질을 가질 가능성이 있다. 가령 큰 몸집, 뾰족한 부리, 두꺼운 털, 날카로운 이 등을 가진 개체들은 그렇지 않은 개체들에 비해 특정 환경에서 생존에 더 유리할 수 있다. 그렇게 되면 이러한 특징을 갖고 태어난 개체들은 같은 종의 다른 개체들보다 더 많은 후손을 낳을 가능성이 높아진다.

다윈은 이 생존투쟁의 원리를 갈라파고스의 핀치에 적용해보았다. 대륙에서 날아온 핀치의 한 무리가 갈라파고스 섬들 중 한 곳에 둥지를 틀었다고 하자. 마침 그 섬에는 딱딱한 씨앗을 가진 식물이 많이 퍼져 있어서 그것이 그 새들의 주요 식량이 되었다.

핀치 무리 중에는 남들보다 조금 더 뾰족한 부리를 가진 개체도 있고, 조금 더 뭉뚝하고 큰 부리를 가진 개체도 있다. 그렇다면 그곳 환경에 더 적합한 형질을 가진 개체는 뭉뚝한 부리를 가진 개체일 것이다. 그 개체는 다음 세대에 다른 개체에 비해 더 많은 후손을 남길 것이고 이런 과정이 아주 오랫동안 반복되면, 즉 충분한 시간이 흐른다면 원래 핀치와는 매우 다른 모습을 띤 새로운 종이 탄생할 수도 있을 것이다. 당시에 맬서스의 《인구론》을 읽어본 사람은 많았을 테지만, 생존투쟁의 원리를 자연계에도 동일하게 적용해본 사람은 다윈(그리고 월리스)뿐이었다. 갈라파고스의 핀치는 이런 창조적 발상의 촉매제였던 것이다.

20년 동안 숙성시킨 자연선택론

다윈은 1838년부터 1844년까지 이런 생각을 차근차근 정리해나갔다. 1842년에는 35쪽짜리 개요를 만들었고 1844년에는 230쪽짜리 완전한 논문을 작성해놓았다. 그러고는 절친한 식물학자 후커 Joseph D. Hooker, 1817~1911에게 편지로 조심스레 자신의 고민을 털어놓는다. '마치 살인을 자백하는' 심정으로.

나는 갈라파고스 군도에 퍼져 있는 동식물을 보고 깜짝 놀라 종의 변화에 대해 어떤 빛을 던져줄 수 있다고 생각되는 자료를 마구 긁어모았소. 농업과 원예에 대한 책도 매우 많이 읽었고 자료 수집을 잠시도 쉰 적이 없다오. 그러자 한줄기 빛이

비쳐오는 것 같았고 이제 당초의 나의 생각과는 달리 종이 불변한 것은 아니라는 확신에 거의 도달했소(마치 살인을 자백하는 것 같군). 나는 종이 다양한 방법으로 환경에 정교하게 적응해나가는 방법을 알아냈다고 생각하고 있소(바로 이 점이 황당한 것이지!). 당신은 나를 한심스럽게 보겠지. '이런 사람에게 여태 편지를 쓰고 시간을 내줬다니'라고 말이오. 나라도 5년 전에는 똑같은 반응을 보였을 거요.

〈후커에게 보낸 편지〉 (1844)

다윈은 이 편지를 읽고 다윈의 '새로운 생각'이 무엇인지 궁금해한 후커를 명료한 논리와 방대한 자료로 설복시켰다. 이에 용기를 얻은 다윈이었지만, 그는 같은 해 익명으로 출판된 《창조의 자연사의 흔적 Vestiges of the Natural History of Creation》(1844)이 당하는 수난을 보며 몸을 움츠리게 된다. 생명의 진화를 주장하는 이 책은 당시 영국 사회에서 수만 권이 팔려 나갈 정도로 엄청난 대중적 성공을 누렸지만, 짜깁기식의 논리와 창조자로서의 신을 모독하는 식의 불경스런 결론 때문에 평단으로부터는 심한 혹평을 들어야 했다.

이 스캔들은 왜 다윈이 거의 20년 동안이나 자신의 이론을 묵혀놓았는지 이해할 수 있는 하나의 단초가 된다. 나중에 스코틀랜드의 출판업자인 체임버스 Robert Chambers, 1802~1871가 그 익명의 저자라는 사실이 밝혀지고 나서, 다시 한 번 다윈은 생명 진화에 대한 탄탄한 논리와 풍부한 자료가 없이는 학계의 마음을 움직일 수 없다는 점을 명백하게 깨닫게 되었다. 사실 그때까지만 해도 다윈은 산호초와 화산섬을 연구한 《비글호 항해 지질학

Geological Observations on Coral Reefs, Volcanic Islands, and on South America》으로 지질학자로서 명성을 날리고 있긴 했지만, 생물학자로서는 검증이 덜 끝난 상황이었다. 소심한 성격의 다윈은 진화론에 대한 생각은 잠시 접어두고 대신 갑각류 일종인 따개비 연구에 매진하게 된다. 무려 8년씩이나 걸린 이 과정에서 다윈의 몸은 점점 쇠약해져갔다. 알 수 없는 질병에 걸려 은둔자처럼 집에 처박혀 아내의 시중을 받아야만 했을 정도였다. 오래 품고 있던 생각을 집대성하기에는 여건이 좋지 않았다.

사실 사람의 머릿속에 든 아이디어에는 아무런 권리가 보장되지 않는다. 그것을 표현하거나 정리해서 공공에 발표하지 않는다면 저작권도 부여될 수 없으며 당연히 다른 이의 인정도 받을 수 없다. 만일 왓슨^{James D. Watson, 1928~}과 크릭^{Francis H. C. Crick, 1916~2004}이 DNA 이중나선 구조를 1953년에 발견하기는 했으나 그 후로 20년 동안 묵혀두다가 1973년에야 논문을 발표했다면 어떻게 되었을까? 물론 그들은 그렇게 하지 않았고, 오히려 남보다 하루라도 먼저 발표하려고 혈안이 돼 있었다. 그때 그 둘이 머릿속

젠틀맨 문화와 소심한 다윈

19세기 영국 식자층에서는 '젠틀맨 문화'라는 것이 있었다. 사회적 지위, 재산, 그리고 지식을 어느 정도 이상 갖춘 지식인들은 상대방과 대화하거나 논쟁할 때 세련됨과 정중함을 함께 갖추려 노력했다. 그렇지 못한 사람들은 젠틀맨 문화를 누릴 자격을 의심받았다. 다윈이 실제로 소심한 성격을 가진 인물이긴 했으나, 다윈의 소심함은 당시 젠틀맨 문화에서 기인한 것일 수도 있다.

으로만 생각하고 발표하지 않았다면 노벨상은 틀림없이 다른 사람에게 돌아갔을 것이다.

정부나 기업으로부터 자금을 지원받아 연구를 하는 것이 전형적인 과학자의 모습이 돼버린 요즘, 완벽을 기하기 위해 다윈처럼 20년간 이론을 숙성시킬 수 있는 배짱을 가진 이가 과연 몇이나 될까? 아마도 현명한 과학기술자라면 20년을 기다려 홈런을 치느니 1년 단위로 단타들을 치는 게 낫다고 생각할 것이다. 하지만 다윈은 자신이 만족할 때까지 자료를 모으고 또 모았다. 20년씩이나.

월리스를 기억하는가?

1859년 11월 24일, 드디어 《종의 기원$^{Origin\ of\ Species}$》으로 흔히 알려진, 《자연선택에 의한 종의 기원에 관하여, 또는 생존투쟁에서 선호되는 품종의 보존에 관하여$^{On\ the\ Origin\ of\ Species\ by\ Means\ of\ Natural\ Selection,\ or\ the\ Preservation\ of\ Favoured\ Races\ in\ the\ Struggle\ for\ Life}$》의 초판이 우여곡절 끝에 탄생한다. 왜 여기에 '우여곡절'이라는 단어를 쓸 수밖에 없는지에 대해서는 설명이 필요하다.

따개비 연구에 손을 댄 다윈은 1851년 1천 쪽에 달하는 연구서를 출판하여 자연사학자로도 큰 명성을 얻었으며 1854년부터는 자연선택을 다시 연구하기 시작했다.

1858년 6월 18일 다윈에게 한 통의 편지가 배달되었다. 발신인 란에는 '알프레드 러셀 월리스'라는 이름이 적혀 있었다.

영국의 조그만 시골에서 태어난 월리스$^{Alfred\ Russel\ Wallace,\ 1823~1913}$

종의 기원 문제에 대해 다윈과 같은 생각을 가지고 다윈에게 편지를 보냈던 월리스

는 열네 살에 학교를 그만두고 여기저기에서 측량기사로 일하면서 생계를 유지해야 했던 가난한 젊은이였다. 측량기사로 10년 정도 일하면서 여러 지형을 돌아다니다 보니 그는 자연스럽게 동식물 표본에 관심을 갖기 시작했고 그것을 모아서 팔기까지 했다. 급기야는 1854년부터 8년 동안 영국을 떠나 동남아시아, 아마존, 인도네시아 등지를 탐험하면서 생물 표본들을 런던의 후원자와 거래상에게 보내 생계를 유지하기에 이른다.

월리스는 다윈과는 달리 부유하지도 않았고 영국의 주류 사회의 일원도 아닌 변방의 가난한 청년에 불과했다. 그래서 페일리의 설계 논증의 세례를 받은 당시의 주류 과학자들과는 달리 체임버스의 《창조의 자연사의 흔적》에 대해서도 열광할 수 있었다. 그는 학문적으로도 아마추어였고 아웃사이더였다. 하지만 그는 이미 1854년부터 종이 진화할지도 모른다고 생각하고 있었다. 남아메리카를 탐험하면서 생물의 지리적 분포에 관한 독특한 관찰을 할 수 있었기 때문이었다. 그는 지리적 장벽으로 인해 분리된 두 지역에 서식하고 있는 종들이 매우 유사하다는 사실을 종종 발견하곤 했다. 마치 부모 종이 그 장벽을 사이에 두고 새로운 두 종으로 분화된 것 같은 모습이었다.

게다가 월리스는 같은 해에 라이엘의 《지질학 원리》를 꼼꼼히 읽게 되었고, 점진적인 변화가 생물의 지리적 분포를 결정하는 데 매우 중요하다는 사실을 어렴풋이 깨닫게 되었다. 1855년에는 〈새로운 종의 도입을 규제하는 법칙에 관하여 On the Law Which Has Regulated the Introduction of Species〉라는 논문을 출판하게 되는데, 여기서 그는 '우연찮게도 진화를 겪고 있는 모든 종들은 이미 존재하는 친척 종들과 같은 시공간상에 존재하게 된다'고 주장했다. 이 논문은 3년 후에 자신이 제안하게 될 혁명적 이론의 전조였다.

1858년 초, 그는 열사병으로 누워 있으면서 말레이 군도의 원주민 인구가 왜 급격히 증가하지 않는지를 곰곰이 생각하고 있었다. 그러다 15년 전쯤에 흥미롭게 읽었던 맬서스의 《인구론》이 갑자기 떠올랐다. '생존투쟁! 새로운 종을 탄생시키는 메커니즘!' 그는 아마 이마에 놓인 물수건은 아랑곳하지 않고 침상에서 벌떡 일어났을지도 모른다. 그래서 탄생한 논문이 〈원형으로부터 무한정 이탈하는 변형의 성향에 관하여 On the Tendency of Varieties to Depart Indefinitely from the Original Type〉(1858)다. 월리스는 다윈에게 그 논문을 동봉해 편지를 보낸다. 출판을 부탁한 것도 아니었다. 단지 자신이 '올바른 생각'을 하고 있는지 검토받고 싶다는 정도였다.

왜 하필이면 월리스는 다윈에게 편지를 보냈을까? 사실 그는 다윈을 이전에 딱 한 번 만났었다. 그 이후로 월리스는 다윈에게 흥미로운 질문, 참신한 가설들과 함께 좋은 표본들을 많이 보냈다. 월리스에게 다윈은 매우 특별한 존재였다. 하지만 다윈에게 그는 편지를 정기적으로 주고받는 많은 사람들 중 한 명이었을 뿐이었다. 이미 다윈은 영국의 지식인 사회에서 유명인이었으며 지질학과 생물학 분야에서는 대가의 반열에 올라 있었다. 그리고 당시에는 그가 종의 기원 문제에 대해 매우 이단적인 생각을 갖고 있다는 소문이 퍼지기 시작할 때였다. 비슷한 문제로 고민하던 월리스에게 다윈보다 더 좋은 스승은 없었다. 한때 월리스는 다윈에게서 "생각을 하지 않는다면 훌륭하고 참신한 관찰은 불가능합니다"라는 조언을 듣기도 했었다.

월리스의 편지를 읽어 내려가던 다윈의 얼굴은 점점 굳어져갔다. 어쩌면 조용히 자기 방으로 들어가 문을 잠그고 흐느꼈는지도 모른다. 그 편지에는 다윈이 20년씩이나 공들여온 이론을 너무도 명확하게 이해하고 쓴 20쪽짜리 논문 한 편이 들어 있었다. 마치 자신의 이론을 다른 사람의 입을 통해 듣는 느낌이었을 것이다. 그때의 심정을 라이엘에게 토로한 편지에서 다윈은 이렇게 썼다. "이보다 더 간결하고 좋은 요약은 없어요. 그가 쓴 용어는 마치 내 책의 소제목들 같았답니다!"

다윈은 그동안의 연구를 모두 불태우는 한이 있더라도 월리스의 생각을 훔쳤다는 말은 듣고 싶지 않았다. 망연자실한 다윈에게 라이엘과 후커는 흥미로운 제안을 한다. 다윈이 자연선택에 관하여 1844년에 쓴 글과 1857년에 후커에게 쓴 편지의 일부, 그리고 월리스의 논문을 함께 묶어 생물분류학회(런던 린네 학회)에서 발표하자는 것. 물론 지금 런던에서 무슨 일이 벌어지고 있는지 월리스는 알 턱이 없었다.

1858년 7월 1일, 놀랍게도 이 혁명적 사상의 발표는 조용하게 끝났다. 더 놀라운 일은 발표가 끝난 후에야 이 소식을 듣게 된 월리스도 결코 불쾌해하지 않았다는 사실이다. 다윈은 어린 아들이 갑자기 죽는 바람에 발표회에 참석하지도 못했다. 이후 다윈은 몇 개월을 달라붙어 《종의 기원》을 집필하게 된다. 그 결과가 400쪽 정도의 초판 《종의 기원》이었다. 이것은 다윈이 원래 쓰고자 했던 방대한 책의 축약본이었다.

과학사에 조예가 깊은 독자라면 모를까 월리스라는 이름을 기억하는 이는 거의 없을 것이다. '2등은 영원히 기억되지 않는다'라는 광고 카피가 있긴 하지만 공동 1등도 때로는 기억되지 않는 모양이다. 이는 어쩌면 월리스를 끝까지 챙긴 다윈과 그런 다윈을 한평생 존경했던 월리스의 특별한 우정 때문이었는지도 모른다. 그래서 월리스에게는 '다윈의 달 Darwin's moon'이란 별명이 붙여졌다. 미적분학에 대한 우선권을 놓고 으르렁대며 유럽을 떠들썩하게 했던 뉴턴과 라이프니츠의 추악한 관계와 다윈과 월리스의 이야기는 얼마나 큰 대조를 이루는가.

다윈이 월리스의 태양이든, 월리스가 다윈의 달이든, 그 둘은 모두 생명의 진화가 자연선택이라는 메커니즘에 의해서 일어난

🌀 뉴턴과 라이프니츠

독립변수의 변화에 따른 연속함수의 변화율을 다루는 미적분학은 영국의 뉴턴(Isaac Newton, 1642~1727)과 독일의 라이프니츠(G. W. Leibniz, 1646~1716)가 창시한 것으로 인정받고 있다. 이들의 연구는 같은 시대에 독립적으로 이루어졌으나, '누구의 발견이 더 빨랐나?'와 '어느 한편이 상대편 발견의 도움을 받은 것은 아닌가?'라는 점들을 둘러싸고 영국과 유럽 대륙 사이에서 논쟁이 일어나게 되었다. 그 후 영국에서는 뉴턴의 발견에서 더 이상 나아가지 못했던 것에 비해, 대륙 쪽에서는 라이프니츠의 뒤를 이어 해석학의 방법을 크게 발전시키게 되었다. 특히 라이프니츠가 고안해낸 미적분법의 여러 가지 기호들은 이후로도 널리 이용됐다.

다는 가설에 도달했다. 그것도 거의 동시에, 그리고 거의 비슷한 지적인 경로를 통해서 이루어졌다. 이는 어쩌면, 라이엘의《지질학 원리》와 맬서스의《인구론》이 그들의 학문적 배경에 가장 큰 영향을 미쳤기 때문인지도 모른다. 또한 동식물에 대한 오랜 시간 동안의 관찰 경험(다윈 5년, 월리스 8년)이 있었기 때문인지도 모른다. 마치 두 사람은 똑같은 지도(《지질학 원리》와《인구론》)를 들고 중간에 비슷한 지역(관찰과 채취)을 거쳐 산꼭대기(자연선택)에 다다른 셈이었다.

동시 발견과 과학의 경로

흔히 다윈과 월리스가 자연선택론을 동시에 제시했다고 한다. 엄밀한 의미에서 '동시 발견'이란 있을 수 없다. 한날한시에 두 진영에서 같은 이론을 내놓을 확률은 거의 0에 가깝기 때문이다. 따라서 과학 공동체의 합의를 통해 두 진영의 동시 발견이 승인되었다고 해야 옳을 것이다. 자연선택론의 경우에는 당시 과학 공동체의 실세들이었던 후커와 라이엘이 다윈과 월리스를 중재해주었다.

그렇다면 이러한 동시 발견은 과학의 역사에서 얼마나 자주 일어날까? 과학사회학자 머튼(R. K. Merton, 1910~2003)은 그것이 매우 흔히 일어날 수 있다고 주장한다. 그에 따르면, 미적분학의 발견을 놓고 뉴턴과 라이프니츠 사이에서 계속된 우선권 분쟁이나 켈빈(The Lord Kelvin, 1824~1907)과 클라우지우스(R. Clausius, 1822~1888)의 열역학 제2법칙의 동시발견 등에서 볼 수 있듯이 동시 발견은 생각보다 더 통상적이다. 실제로 과학자들은 1등이 아니면 기억되지 않는다는 사실을 잘 알기 때문에 문턱까지 왔다가 포기하는 경우가 많아서 그렇지, 따지고 보면 동시 발견으로 분류될 만한 사례들이 매우 많다는 것이다.

만일 월리스가 다윈에게 결정적인 편지를 보내지 않았더라도 자연선택론은 나올 수밖에 없었을까? 혹시 과학의 역사가 대략적으로 정해진 경로를 따라가는 것은 아닐까? 역사에서 '만약(if)'은 없다고 하지만, 과학의 경로가 몇 가지 정해진 길을 따라가느냐 아니냐는 매우 흥미로운 물음이 아닐 수 없다

하지만 다윈과 월리스가 모든 면에서 서로의 생각에 동의한 것은 아니었다. 월리스가 자연선택 메커니즘을 제시하기 위해 인공선택artificial selection 메커니즘을 전혀 고려하지 않았고, 인류의 진화에 대해서 자연선택 메커니즘이 아니라 초월적 힘에 의존한 사실은 그가 단지 '다윈의 달'로 만족한 것은 아님을 보여준다. 이런 차이에도 불구하고 그들의 우정은 평생 동안 돈독했다. 1859년 11월 말, 다윈은 저자 증정본으로 나온 녹색 장정의 《종의 기원》을 인도네시아에 있는 월리스에게 소포로 보낸다. 동봉한 편지에는 '대중의 반응이 어떨지는 오직 신만이 아실 겁니다'라고 쓰여 있었다.

만남 3

다윈 혁명

> 이러한 세계관에는 뭔가 장엄한 것이 있다. – 다윈,《종의 기원》(1859)
> 《종의 기원》은 과학에 대한 모독이다. – 오언,《에든버러리뷰》(1850)

세상에서 가장 위대한 '하물며'

흔히들 동서양의 고전에 대해 기대하는 바와는 달리,《종의 기원》의 시작은 결코 우아하지 않다. 오히려 동물 육종사育種師와 사육사가 인공교배를 통해 자신들이 원하는 개체를 어떤 방식으로 얻어내는지에 대한 시시콜콜한 이야기로 채워져 있다. 인공선택은 다윈이 그런 육종사들의 일을 규정하기 위해 최초로 붙인 용어였다. 당시 육종사라는 직업은 다윈과 같은 엘리트와 거리가 먼 부류였지만, 다윈은 실제로 비둘기 교배 전문가들과 많은 시간을 보내면서 그들의 지식과 노하우를 전수받기도 했다. 왜냐하면 인공선택의 사례들은 자연선택을 이해하는 데 매우 유용한 자료가 될 수 있었기 때문이다. 다윈의 생각은 아주 분명하고 설득력이 있었다. '육종사의 손에 의해 이렇게 몇 십 세대 만에도 다양한 비둘기 종이 생겨날 수 있다면, 하물며 자연의 손으로는 얼마나 더 많겠는가! 그것도 수천, 수만 세대를 주무르는 보이지 않는 자연의 손에 의해서 말이다!' 어쩌면 다윈은 이 대목에서 점진론을 주장한 라이엘의 《지질학 원리》를 다시 한 번 들춰봤는지도 모른다.

다윈은 육종사들의 암묵적 지식에서 두 가지 중요한 원리를 발견하게 된다. 하나는 인공선택에서 힌트를 얻은 자연선택의 힘이고, 다른 하나는 부모의 형질이 자식에게도 전달된다는 원리다. 그러나 구체적으로 어떤 메커니즘에 의해 이런 대물림이 일어나는지에 대해서는 알지 못했다. 다만 자연계에는 같은 종 내에서

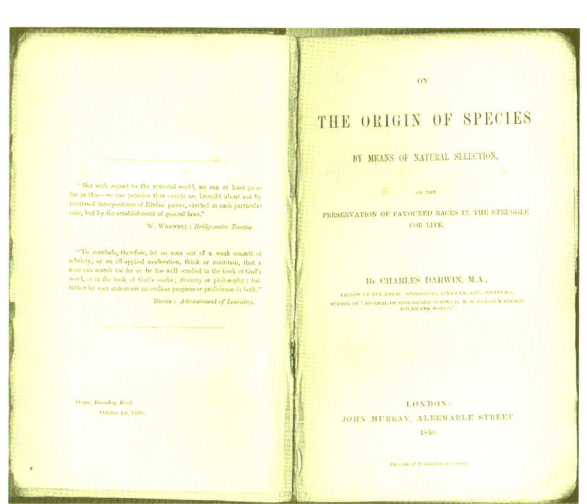

《종의 기원》 | 이 책에서 다윈은 과학 역사상 가장 뛰어난 이론 중 하나인 자연선택론을 분명하고 설득력 있게 설명해냈다.

화석 기록에 의하면 모든 개의 종은 늑대에서부터 진화했는데, 인류는 1만 4,000년 동안 인공선택을 통해 400종의 개를 탄생시켰다.

도 수많은 변이들이 존재한다는 사실만 확신할 수 있었다.

그러나 수많은 자연변이들이 모두 다 살아남을 수는 없다. 왜냐하면 모든 이에게 모든 것을 풍족하게 제공하는 환경이란 있을 수 없기 때문이다. 다윈은 변이들 간에는 생존 경쟁이 일어날 수밖에 없다고 결론 내린다. 그것은 조금이라도 생존에 유리한 특성을 가진 개체들이 그렇지 않은 개체에 비해 더 잘 살아남아 자손을 퍼뜨리는 과정이다. 이 대목에서 그는 맬서스의 《인구론》에 큰 빚을 졌다.

《종의 기원》의 모든 지면은 이렇게 자연선택이라는 종의 분화 메커니즘을 향해 조금씩 천천히 진화하고 있었다. 게다가 다윈은 자신의 주장만을 길게 늘어놓고 잉크 뚜껑을 덮어버리는 얌체는 아니었다. 진정한 완벽주의자답게 그는 자연선택론에 대한 예상 반론들을 스스로 정리한 후에 그것을 조목조목 검토했다.

가령 최근까지도 진화론자들 사이에 논쟁이 되고 있는 화석 기록의 불완전성 문제, 적응이 얼마나 강력한가의 문제, 잡종의 문제 등을 책의 3분의 1을 할애해 다루고 있다. 《종의 기원》은 그의 고백처럼 이렇게 '하나의 긴 논증 one long argument'이었다.

획득된 형질은 유전되지 않는다

사실 생명이 진화한다는 주장 자체는 그 당시만 해도 아주 새로운 것은 아니었다. 영국에서는 다윈의 친할아버지인 이래즈머스 다윈 Erasmus Darwin, 1731~1802이, 그리고 프랑스에서는 라마르크 Jean-Baptiste Lamarck, 1744~1829가 이미 몇십 년 전에 비슷한 주장을 펼쳤다. 이래즈머스 다윈은 18세기 영국 중부에서 활동하던 꽤 유명한 외과의사이자 시인이었다. 물론 후세에게는 찰스 다윈의 할아버지로 더 유명해졌다. 그는 〈자연의 신전 The Temple of Nature〉(1803)이라는 시와 의학 서적인 《주노미아 Zoonomia》(1794~1796)에서 현재 살아 있는 모든 생물이 태초의 미생물로부터 점진적으로 발전돼 왔다고 주장했다.

엄청난 대식가이기도 했던 그는 당시로서는 파격적일 수밖에 없는 그의 이론과 마찬가지로 사생활에 있어서도 평범하지 않았다. 첫 부인과 사별하고 사생아 둘을 낳았는가 하면 지천명(50세)의 나이에 과부였던 환자와 재혼을 하기도 했다. 이런 자유로운 사생활 때문에 이래즈머스 다윈의 아들인 로버트 다윈 Robert W. Darwin, 1766~1848은 아들 찰스에게 할아버지에 관한 이야기를 거의 들려주지 않았다. 하지만 다윈이 의학 공부를 하기 위해 잠시 머문 에든버러 대학에서는 할아버지를 칭송하는 선생들이 적지 않았다. 당시에 찰스 다윈은 이를 매우 신기하게 여겼으나, 훗날에는 자신의 이론이 할아버지의 사상으로부터 대물림되었을지 모른다고 회고한다.

매우 흥미로운 사실은, 찰스 다윈이 자연선택론을 20년 동안이나 숙성시킨 후 발표했듯이 그의 할아버지 이래즈머스도 거의 20년 만에 자신의 생각을 나타내기 시작했다는 점이다. 사생활만 비교했을 땐 대범한 할아버지와 소심한 손자처럼 느껴지지만 사상적인 측면에서는 둘 다 신중한 혁명가였다. 하지만 할아버지는 혁신적 사상가에 그쳤지만 손자는 그 어렴풋한 생각을 체계적으로 정리한 위대한 사상가로 명성을 날렸다.

영국에 이래즈머스 다윈이 있었다면 프랑스에는 라마르크가 있었다. 그는 프랑스 혁명 정부에 의해 새로 지어진 자연사박물관에서 무척추 동물을 연구하던 학자였다. 1800년경에 그는 종이 불변한다는 자신의 옛 생각을 버리고《동물철학 Philosophie Zoologique》(1809)에서 새로운 이론을 탐구하기 시작했다. 그는 무생물에 전기 충격을 가하면 생명체가 된다고 주장하며 생명의 자연발생설을 옹호했는데, 그에 따르면 이런 식으로 만들어질 수 있는 생명체란 지극히 단순한 개체일 뿐이다. 그는 이런 단순한 생명체가 여러 세대를 거치게 되면 점점 더 복잡한 개체로 조금씩 조금씩 진보하게 된다고 주장했다. 라마르크는 이론적으로 이런 진보는 동물계에서 '선형적'으로 일어난다고 보았다. 즉, 맨 밑바닥에는 가장 하등한 생명체가 있고 인간은 자연계의 맨 위를 차지하는 존재로 인식

존재의 대사슬 | 단세포 생물과 같은 가장 단순하고 저급한 유형부터 동식물, 인간, 천사 등은 물론, 최고의 완전한 존재인 신에 이르는 모든 존재가 거대한 위계질서를 형성하고 있다는 기독교 전통의 우주관. 이런 계층적인 구조가 전능한 신의 계획에 의해 결정됐으며, 이 위계질서는 변할 수 없다고 믿는다.

했다. 따라서 그에게 동식물의 멸종은 있을 수 없는 현상이었다. 또한 그 진보의 사다리에 틈이 있을 수 없기 때문에 그는 각 종들이 명확하게 구분이 가능하다는 전통적인 견해도 받아들일 수 없었다.

그렇다면 아리스토텔레스부터 시작된 존재의 대사슬 Great Chain of Being 개념이 라마르크에 와서 어떻게 변주되고 있는가? 라마르크의 모형은 전통적인 사슬 모형과 큰 차이가 있다. 영국의 시인 포프 Alexander Pope, 1688~1744 가 '자연의 사슬 중 어디든, 그것이 열 번째든 일만 번째든, 하나라도 끊어지면 전체가 무너지리라'고 읊조렸듯이, 당시에는 완벽한 신이 자연계에 한 군데의 빈틈도 없이 온갖 생명체를 촘촘히 심어놓았으며 각자의 자리는 단단히 고정

획득된 형질이 유전된다는 용불용설을 주장한 라마르크

되어 있다고 믿는 사람들이 대다수였다. 이것이 바로 '존재의 대사슬(라틴어로는 *scala naturae*)'에 대한 전통적인 견해였다. 이 견해에 따르면 원숭이는 영원히 원숭이로 남아 있고 그 위의 인간은 영원히 인간일 뿐이며 이 둘 간의 서열은 불변한다. 수많은 생명체들이 긴 사다리에 주렁주렁 매달려 있는 모습을 상상해보라.

반면, 라마르크의 사슬 모형은 덩그러니 놓여 있는 사다리라기보다는 계속해서 올라가는 에스컬레이터를 닮았다. 즉, 현재 동물원에 살고 있는 침팬지들도 충분한 시간이 지나면 우리와 같은 인간 종으로 변하는데 마치 2층에서 에스컬레이터에 몸을 실은 침팬지가 인간으로 변화되어 3층에 도착하는 꼴이다.

하지만 탁월한 분류학자였던 라마르크는 아무리 많은 생명체들이 관찰된다 해도 이 에스컬레이터를 빈틈없이 완벽하게 채울 수 없을 것이라는 사실을 누구보다 잘 알고 있었다. 그래서 그는 이런 난점들을 보완하기 위해 새로운 진화 과정을 제안하게 된다. 그것이 바로 그를 유명하게 만든 획득형질의 유전 이론이다. 라마르크는 이 이론을 사용해 생명이 주변 환경에 따라 어떻게 변화하는지, 그리고 궁극적으로는 하등생물이 고등생물로 어떻게 발전할 수 있는지를 설명하려 했다.

그의 논리는 매우 단순하고 명확하다. '기린의 목이 어떻게 길어졌나?'에 대한 라마르크의 설명을 들어보자.

기린은 예나 지금이나 대개 키 큰 나무가 있는 지대에 서식한다. 기린의 조상은 지금처럼 그렇게 목이 길지 않았다. 그런데 그중 어떤 한 개체가 높이 매달려 있는 잎을 따먹기 위해 목을 열심히 계속 늘렸다. 이런 과정이 반복되는 동안 그 개체 속에 존재하는 신경액이 목 쪽으로 더 많이 쏠리게 되었고 그 결과 그 기린은 목이 길어졌다. 기린에게 긴 목은 하나의 '획득된 형질'이다. 그런데 라마르크는 여기에 머물지 않고 그 형질이 자손들에게 전달된다고 생각했다. 즉, 그 기린의 새끼들은 부모의 긴 목을 물려받고 세대를 거듭하면서 긴 목을 가진 기린들이 점점 더 늘어나 오늘날과 같은 기린의 모습이 되었다는 것이다. 이것이 바로 라마르크의 획득형질의 유전 이론이다.

이 이론을 인류의 탄생에 적용해보면 어떨까? 수백만 년 전 아프리카 사바나에 살던 한 원숭이가 나무에서 과감한 시도를 한다. 그의 '꿈'은 나무에서 내려와 초원을 두 발로 걷는 것이었다. 안간힘을 쓴 결과 그 원숭이는 신경액의 분포 변화로 인해 신체의 구조가 변하게 되었고 그런 변화된 구조가 자손에게까지 대물림되었다. 그래서 결국 오늘날과 같은 인류의 모습으로 변화되었다.

어떤가? 그럴듯한 시나리오이지 않은가? 라마르크의 생각이 얼마나 놀랍고 충격적인 것인지 좀 더 친숙한 예를 들어보자. 미국 메이저리그에서 특급 투수로서 맹활약을 했던 박찬호 선수는 동양인으로서는 보기 드물게 매우 강한 어깨를 가진 것으로 알려져 있다. 그래서 시속 150킬로미터를 넘나드는 강속구를 뿌려왔

다. 그의 강한 어깨는 연습벌레인 그가 거의 하루도 거르지 않고 열심히 연습해온 결과일 것이다. 자, 그렇다면 그가 결혼을 해서 얻은 2세는 강한 어깨를 아빠에게서 대물림받았을까?

만일 라마르크의 생각이 맞다면 정말로 놀랍고도 황당한 일들이 발생할 것이다. 박찬호의 2세는 아빠의 강한 어깨를 물려받아 남들보다 야구를 잘할 수 있을 것이고, 박지성의 2세는 아빠를 닮아 축구장을 종횡무진 달릴 수는 있겠지만 혹독한 연습으로 다져진 아빠의 못생긴 발도 물려받아야만 한다. 그리고 고등학교 때 수학을 포기한 엄마 때문에 자신의 수학 실력이 남들보다 뒤진다고 원망하는 아이들로 교실이 가득 찰 것이다. 이렇게 생각하다 보면 라마르크의 획득형질 유전 이론은 그럴듯한 정도에서 끝나야 뒤탈이 없을 것 같다.

실제로 당시 유럽에서는 그의 이론이 증거가 없는 그럴듯한 이야기일 뿐이라고 비판하는 학자들이 많았다. 예컨대 프랑스의 저명한 해부학자 퀴비에 Georges Cuvier, 1769~1832는 과거에 형성된 동물 화석과 오늘날 존재하는 동물의 해부학적 구조를 비교함으로써 복잡성에 있어서 그 둘 사이에 별 차이가 없다고 반박했다. 나폴레옹이 이집트 파라오의 무덤에서 동물 미라를 전리품으로 가져오기 시작하면서 퀴비에의 이런 비판은 더 큰 힘을 발휘하기도 했다. 하지만 '용불용설用不用說'이라고도 불리는 라마르크의 획득형질 유전 이론은 20세기 초 독일 세포학자 바이스만August Weismann, 1834~1914의 생식세포 유전 이론이 입증되기 전까지는 결코 사그라지지 않았다. 바이스만의 실험은 의외로 간단했다. 그는 여러 세대에 걸쳐 쥐의 꼬리를 잘라본 후 다음 세대의 꼬리가 짧아지는지를 관찰해보았다. 물론 꼬리는 짧아지지 않았고, 이로써 후천적으로 변형된 형질은 대물림되지 않는다는 사실이 밝혀졌다. 이에 바이스만은 체세포의 발생과정에서 생겨난 변화는 생식세포에게 전달되지 않기 때문에 짧은 꼬리가 대물림되지 않는

🌱 **퀴비에**

비교해부학과 고생물학을 확립한 프랑스의 동물학자. 그는 동물군에 따라 해부학적 특징이 다른 것은 창조 이후에 종(種)들이 변화를 겪지 않았다는 사실을 입증하는 것으로 보았다. 또 각 종들이 기능적·구조적으로 잘 조화되어 있기 때문에 극심한 변화를 겪으면 생존할 수 없다고 주장했다. 그는 각 종들과 기관들이 각기 특정한 목적과 기능을 위해 창조된 것이라면서 진화를 부정했다.

것이라고 설명했다. 하지만 19세기의 다윈은 이 사실을 몰랐고 그 스스로 자연선택을 강조했음에도 불구하고 획득형질 유전 이론을 완전히 버리지는 못했다. 실제로《종의 기원》의 초판에서 다윈은 용불용설을 곳곳에서 받아들이고 있는데, 어찌된 일인지 이런 입장은《종의 기원》의 판이 거듭될수록 더욱 강해지기도 했다.

이제 페일리, 라마르크, 그리고 다윈이 제기했던 동일한 질문을 생각해보자. '생명체가 이토록 정교하게 환경에 잘 적응할 수 있었던 것은 과연 무엇 때문인가?' 이 공통의 질문에 대해 페일리는 초자연적인 지적 존재를 요청함으로써, 라마르크는 용불용설을 제시함으로써, 그리고 다윈은 자연선택론을 중심에 놓는 방식으로 서로 다르게 답을 했던 것이다.

자연선택과 생명의 나무

이렇게 종이 진화한다는 개념은 다윈이 자연선택에 의한 진화 개념을 제시했을 당시에는 그다지 새로운 것이 아니었다. 예컨대《종의 기원》의 첫 부분에서 그는 이미 종의 변화 가능성을 주장했던 서른세 명의 학자들을 열거하고 있을 정도였다. 그렇다면 다윈의 독창성은 어디에 있었는가? 첫째로 그것은 진화의 과정이 어떻게 일어나는가에 대한 주요 메커니즘으로서 자연선택을 내세웠다는 점이다. 그는 이 선택과정을 통해 개체들 간의 차별적인 생존과 번식이 일어나며 그로 인해 생명이 진화한다고 생각했다. 그의 또 다른 중요한 기여는 생명이 마치 나뭇가지가 뻗어 나가듯 진화한다는 사실을 밝혀준 데 있었다.

《종의 기원》에서 제시된 자연선택론은 과학의 역사에서 가장 뛰어난 이론 중 하나이지만 동시에 초등학생도 충분히 이해할 수 있을 정도로 단순한 논리 구조를 갖고 있다. 다윈에 의하면 자연선택은 다음의 네 가지 조건이 충족될 때 자동적으로 작용한다.

1. 모든 생명체는 실제로 살아남을 수 있는 것보다 더 많은 수의 자손을 낳는다.
2. 같은 종에 속하는 개체들이라도 저마다 다른 형질을 가진다. (변이조건)
3. 특정 형질을 가진 개체가 다른 개체들에 비해 환경에 더 적합하다. (적응조건)
4. 그 형질 중 적어도 일부는 자손에게 전달된다. (유전조건)

이 조건이 만족되면 어떤 개체군^{population} 내의 특정한 종들의 빈도는 시간이 지나면서 변하게 될 것이고, 상당한 시간이 지나면 새로운 종도 생겨나게 된다. 이것이 바로 다윈이 제시했던 자연선택에 의한 진화의 핵심이다. 다음은 《종의 기원》 4장에서 다윈이 자연선택에 대해 요약한 문장들이다.

……만일 인간에게 유용한 변이가 다수 발생했던 것과 마찬가지 방식으로 유기체 자신이 잘 생존해 나가는 데에 도움이 될 변이가 단 한 번도 나타나지 않았다면, 그것이야말로 실로 이

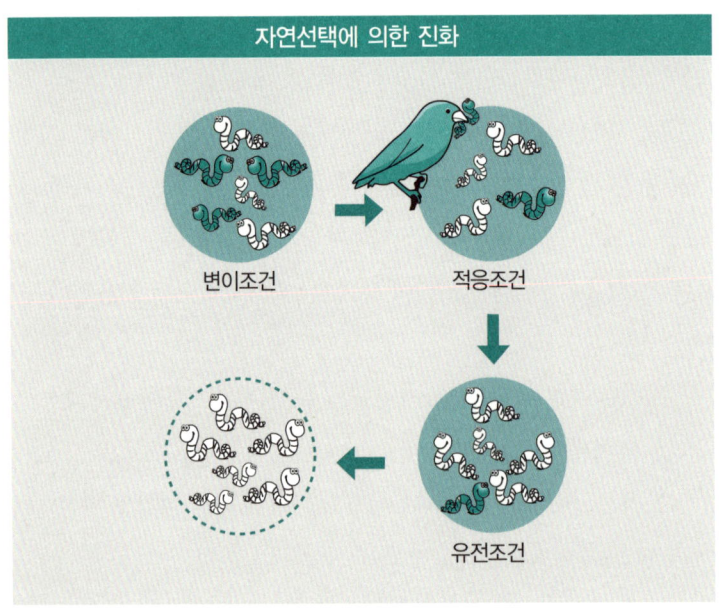

상한 일이 아닐 수 없다고 생각한다. 그러나 만약 어떤 유기체에게 유용한 변이들이 일어난다면, 그로 인해 그 개체들은 생존투쟁 속에서 살아남을 기회를 갖게 될 것임이 분명하다. 또한 대물림의 강력한 원리를 통해 그것들은 유사한 특징을 가진 자손들을 생산해낼 것이다. 이러한 보존의 원리를 나는 간단히 표현하기 위해 자연선택이라고 부른 것이다.

간단하지 않은가? 《종의 기원》을 읽은 헉슬리 Thomas H. Huxley, 1825~1895의 일성은 "이 쉬운 자연선택을 생각해내지 못했다니, 이런 바보 같으니!"였다.

흔히들 진화와 자연선택을 같은 것으로 생각하는데 이것은 오해다. 그럼 이 둘이 어떻게 다른가? 자연선택이 무엇인지에 대해서는 앞에서 자세히 설명했으니 진화에 대해서 잠시 살펴보자.

진화evolution라는 용어는 오늘날 더 이상 전문용어가 아니다. 매스컴을 보라. '동물의 진화', '별의 진화'만 있는 게 아니다. '자동차의 진화', '휴대폰의 진화'라는 말도 단골 광고 카피가 된 지 오래다. 이때 '진화'의 뉘앙스는 중립적 뜻을 담고 있는 '변화change'보다는 뭔가 점점 나아진다는 뜻이 담긴 '진보progress' 쪽에 가깝다.

하지만 적어도 생물학의 영역에서 '진화'는 어떤 개체군의 유전적 구성이 시간이 지나면서 변화되는 현상을 뜻한다. 가령 개체군의 유전적 구성이 너무 크게 변해 처음 개체군의 구성원과 이후 개체군의 구성원이 서로 교배도 되지 않는 상황이 벌어질 때, 우리는 종분화speciation가 일어났다고 말한다. 다윈에 의하면 우리가 보고 있는 생명의 다양성은 이런 종분화 과정이 셀 수 없을 정도로 많이 일어나 차곡차곡 쌓여 생긴 결과다. 그리고 종분화 과정은 마치 나무가 가지를 치듯 일어난다. 아마존에 서식하고 있는 온갖 곤충들뿐만 아니라 최초의 육상 사지동물의 진화까지도 모두 이 단순한 자연선택 메커니즘으로 설명될 수 있다는 사실은 참으로 놀랍고 경이롭기까지

🟢 토머스 헉슬리

다윈이 《종의 기원》을 발표했을 때, 영국의 생물학자인 토머스 헨리 헉슬리는 다윈의 학설을 인정하고 적극적으로 지지했으며, 진화론의 반대론자인 B. S. 윌버포스 주교와의 논쟁을 통해 진화론을 보급하는 데 큰 역할을 하기도 했다. 헉슬리는 1863년 발표한 《자연에서의 인간의 위치Evidence as to Man's Place in Nature》에서 네안데르탈인 화석 연구를 기초로 인간에게 진화론을 적용시켜, 다윈이 언급을 피했던 인간 기원의 문제를 분석하기도 했다.

하다. 생명의 모든 가지들은 자연선택에 의해 뻗어 나왔고, 자연선택은 지금도 생명의 세계를 역동적으로 변화시키는 가장 큰 요인이다. 이제 생물학 교육을 제대로 받은 사람들이라면 누구나 생명의 다양성과 정교함이 어떻게 생겨났는지를 물을 때 맨 먼저 자연선택론을 떠올린다. 인간의 눈과 같이 복잡한 형질의 존재도 이제는 결코 어려운 문제가 아니다. 물질에서 시작된 생명의 역사가 '자연선택'이라는 기계적인 절차를 통해 덜 복잡한 것에서 더 복잡한 것을 만들어냈다는 사실, 그리고 우리 인류도 그 과정에서 출현한 진화의 산물이라는 사실, 이것이야말로 다윈이 인류 지성사에 최초로 보고한 혁명적인 진실이었다.

하지만 자연선택이 진화를 이끄는 유일한 힘은 아니다. 다윈 이후로 진화의 요인들에 대한 많은 연구들이 있었는데, 자연선택이 아닌 다른 요인들로 돌연변이^{mutation}, 이주^{migration}, 유전적 부동$^{genetic\ drift}$ 등이 제시되었다.

돌연변이는 부모에 없는 유전적 변이가 자손 세대에 나타나는 현상이고, 이주는 유전적으로 다른 개체가 집단 내에 들어오는 경우인데, 이런 것들이 세대를 거쳐 쌓이다 보면 원래 개체군의 유전자 빈도를 바꿀 수 있게 된다. 유전적 부동은 순전히 우연에 의해서 생기는 현상으로서 자연선택 메커니즘과 대조를 이룬다. 가령 붉은 개미 100마리로 구성된 한 집단이 있다고 하자. 그중 30마리는 다른 개체들에 비해 덩치가 유난히 크다. 그런데 지나가던 철수가 개미들을 밟아버렸는데 아주 '우연하게도' 그 덩치 큰 30마리만 죽었다고 하자. 그러면 이어지는 여러 세대에 개미들이 서로 짝짓기를 한다 해도 덩치 큰 개체들은 좀처럼 생겨나지 않을 것이고, 그 개미 개체군의 평균 덩치는 원래보다 작아질 수밖에 없다. 이것이 바로 유전적 부동에 의한 진화다.

다윈의 두 번째 공헌은 종의 진화를 생명의 나무 tree of life 로 이해했다는 점이다. 사실 '자연선택' 개념이 다윈의 트레이드마크처럼 되어 있어서 이것의 중요성이 상대적으로 덜 강조되곤 한다. 하지만 '생명의 나무'야말로 다윈의 혁명적 사상이 실감나게 느껴지는 부분이다. 진화 패턴에 대한 우리의 이해가 다윈에 의해 사다리 모형에서 나무 모형으로 변화됨으로써 우리는 동물원의 침팬지가 아무리 시간이 지나도 결코 인간이 될 수 없다는 사실을 명확히 이해하게 되었고 현시점에 최고로 잘 적응한 종이 호모 사피엔스 사피엔스 Homo sapiens sapiens 라고 했던 오만방자함에서 탈출할 수 있게 되었다. 생명의 나무에서 가지 끝에 있는 모든 종들은 어쨌거나 자신의 서식지에 잘 적응해 살고 있는 성공한 종들인 것이다. 그리고 그 모든 화려한 종들의 어머니, 그 어

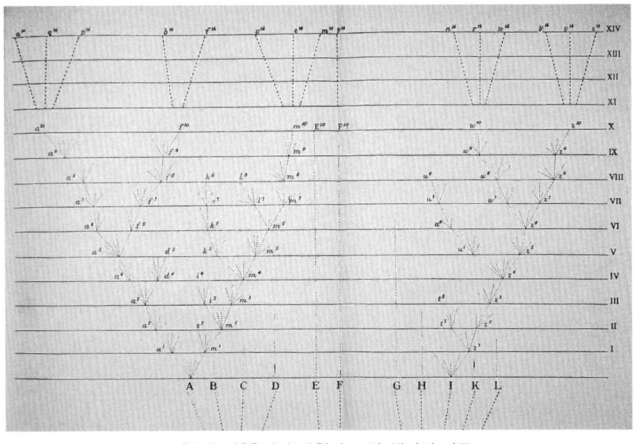

《종의 기원》에서 다윈이 그린 생명의 나무

머니의 어머니, 그 어머니의 어머니의 어머니로 계속해서 거슬러 올라가면 결국에는 하나의 공통 조상을 만난다는 사실, 이 얼마나 장엄한 세계관인가!

> 이 행성이 정해진 중력 법칙에 따라 계속 회전하는 동안, 그렇게 단순했던 시작이 이처럼 가장 아름답고 경이로운 무수한 형태의 생명으로 진화했고 또 진화하고 있다는 사실은 얼마나 장엄한가! 《종의 기원》

이렇게 자연선택과 생명의 나무는 다윈 진화론의 핵심 개념이다. 이것은 코페르니쿠스의 혁명 이상으로 인간과 자연에 대한 인류의 생각에 엄청난 변화를 몰고 왔다. 다윈은 다음의 세 가지 측면에서 혁명적 사상가라고도 할 수 있다. 첫째, 인간이 생명의 최고 위치를 점하고 있으며 다른 동물들과는 본질적으로 다르다는 인간중심주의를 배격했다. 생명의 나무 개념이 이야기하고 있듯이, 다윈의 진화론은 생명을 일렬로 서열화하지 않는다. 모든 생명은 과거의 공통조상들에 서로 연결되어 있는 사촌들일 뿐이다(가령, 침팬지는 우리의 조상이 아니라 사촌종이다). 둘째, 정교하고 다양한 자연의 세계를 신의 존재로 설명하려던 자연신학natural theology적 전통에 진정한 대안을 마련했다. 다윈은 자연선택이라는 자연적 원인으로 이 모든 다양성과 정교함으로 설명해냈다.

마지막으로 다윈의 진화론은 자연세계가 정확하게 구획되어 있고 각 구획마다 고유한 본질을 가지고 있다는 '본질주의essentialism'를 거부했다. 본질주의란 가령, 금과 구리가 각각의 고

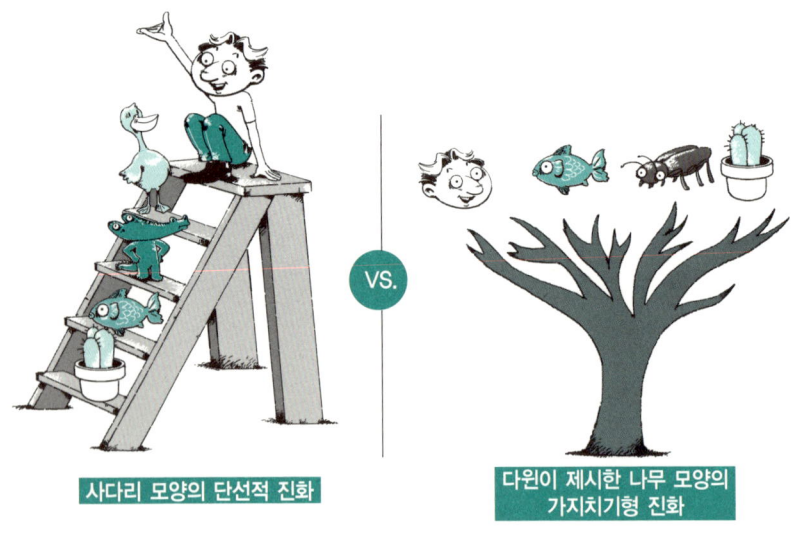

| 사다리 모양의 단선적 진화 | 다윈이 제시한 나무 모양의 가지치기형 진화 |

유한 본질적 속성들에 의해서 뚜렷하게 구분되듯이 자연세계의 모든 것들이 각각의 유형^{type}으로 구분된다는 형이상학적 견해이다. 이런 생각은 모든 생명체를 이데아의 세계에 존재하는 완벽한 형상의 불완전한 모방쯤으로 본 플라톤으로부터 신이 생명체를 각 종류대로 창조했다고 믿는 그리스도교에 이르기까지, 그 역사가 매우 깊다.

그러나 다윈은 이 세계관을 거부한다. 왜 일까? 자연선택이 작동하기 위해 필요한 것이 변이들^{variations}이라는 사실을 상기해보라. 다윈은 자연이 개체군 내의 이런 변이들을 선택적으로 보존함으로써 종분화가 일어난다고 주장했다. 즉, 개체군 내의 구성원들이 서로 이질적이어야 생명의 진화가 가능하다는 논리다.

진화생물학자인 마이어$^{E.\,Mayr}$는 이런 의미에서 다윈의 진화론으로 인해 해묵은 본질주의가 '개체군 사상$^{population\,thinking}$'이라는 비본질주의적 견해로 대체되었다고 주장한다. 이제 변이는 더 이상 중심으로부터의 이탈이 아니라 진화의 중심 그 자체이다. 이 혁명적 사상은 종의 불변성을 믿는 그리스도교 전통과 종의 이상형$^{ideal\,type}$을 상정하는 플라톤적 전통 모두에 잘 어울리지 않는 개념이다. 이 관점에서 보자면, 인간과 동물은 본질적으로 다를 것이 없다. 다윈 혁명은 인간과 동물의 경계를 흐려놓았다.

그렇다면 인간 종의 독특성은 편견이요, 환상일 뿐인가? 그렇지 않다. 다윈 혁명이 인간의 독특성을 앗아갔다는 생각도 흔한 오해 중 하나이다. 오히려 다윈 진화론의 참뜻은 어떤 종들이 그 사촌 종들과 여러 측면에서 진화적으로 '연결'되어 있기 때문에 그 종의 특성을 제대로 이해하려면 그 종과 주변 종들의 진화사와 진화 환경을 충분히 알아야 한다는 의미일 것이다. 이런 맥락에서 다윈 혁명은 비교학의 혁명이다. 그것은 식물과 동물이 비교되고 벌레와 인간이 비교되는 과정에서 진화적 유사성과 차이점들이 드러날 것이라는 생각이다.

《종의 기원》(초판) 그 이후

《종의 기원》에 대한 그 당시 독자들의 반응은 어땠을까? 1,250부를 찍은 초판은 첫날 모두 매진되었고, 1860년 1월에 3,000부를 더 찍었을 정도로 가히 폭발적이었다. 하지만 학자들의 평가는 대중들보다 훨씬 더 조심스럽고 부정적이었다. 다윈은 독자들의 반응에 대해 매우 민감했던 과학자 중 한 사람이었다. 실제로 그는 3판부터 당대 학자들(특히 고생물학자와 물리학자들)의 반응과 비판에 대응하기 위해 1, 2판의 내용을 대폭 손질했다. 예컨대 2판에서는 책의 맨 마지막 문단에서 '창조자에 의해 by the Creator'라는 구절을 삽입해 종교적 반감을 최소화하려 했다. 다윈은 1859~1872년까지 무려 6번이나 판본을 바꿨다.

용어 사용과 관련해서도 흥미로운 변화가 있었다. 다윈의 진화론을 떠올리면 대개 '적자생존 survival of the fittest'부터 생각하는데 이는 당대의 철학자 스펜서 ● Herbert Spencer, 1820~1903 의 영향 때문이다. 다윈은 그의 영향으로 5판부터 '적자생존'이라는 용어를 사용했다. 더 놀라운 사실은 '진화'라는 용어 자체도 원래 다윈 것이 아니었다는 점이다. 그는 줄곧 '변화를 동반한 계통 descent with modification'이라는 용어를 써오다가 6판에 가서야 '진화'로 대체한다. 이 또한 스펜서의 입김이 작용한 결과였다. 스펜서는 《종의 기원》을 읽고 아마도 다윈과는 다른 꿈을 꿨나 보다. 그는

허버트 스펜서

영국 사상가인 허버트 스펜서는 진화론에 바탕을 두고 독자적인 철학체계를 수립하고자 한 인물이다. 36년간에 걸친 대작 《종합 철학체계 The Synthetic Philosophy》(1896)는 생물학·심리학·윤리학·사회학 원리에 관한 여러 가지 논문을 포함하고 있다. 스펜서는 인간사회의 도덕원리 등을 비롯한 모든 것을 '진화'의 원리에 따라 조직적으로 서술했으며, 철학과 과학, 종교를 융합하려고 했다.

적자생존 개념을 인간 사회에 적용해 '사회다윈주의 social Darwinism'라는 정치 이념을 창안해냈다. 그리고 스펜서는 그의 이론 때문에 훗날 인종주의와 우생학의 원흉으로 몰리기도 한다.

20년간 생각을 숙성시키며 지식의 칼을 갈고 있었던 다윈에게 《종의 기원》은 어쩌면 긴 휴가처럼 느껴졌을지도 모를 일이다. 아마 웬만한 사람 같았다면 "다 이루었다!"며 여생을 편하게 즐기고 싶었을 것이다. 하지만 다윈은 1859년 이후에도 책을 무려 10권이나 더 냈을 정도로 대단한 열정의 소유자였다. 이름도 모르는 병 때문에 집과 온천만을 오가는 은둔생활을 했으면서도 말이다.

그 10권의 책 중에서 6권이 식물학에 관한 것이다. 《곤충에 의한 난초의 다양한 수정 전략》(1862), 《덩굴식물의 운동과 습성》(1865), 《식충식물》(1875), 《식물의 교배와 자가수정의 효과》(1876), 《같은 종 식물의 꽃 형태 변이》(1877), 아들 프랜시스와 쓴 《식물의 운동력》(1880)이 그것이다. 한편 다윈은 자신의 유전

🌑 사회다윈주의

사회진화론이라고도 한다. 19세기 말에서 20세기 초에 널리 유행했던 사회다윈주의는 다윈의 진화론에 기초한 사회이론으로, 대표적인 사회진화론자로는 영국의 허버트 스펜서가 있다. 이 이론에 따르면, 약자가 줄어들고 그들의 문화는 영향력을 상실하는 데 반해, 강자는 강력해지고 약자에 대한 문화적 영향력이 커지게 된다고 보았다. 사회진화론자들은 인간사회의 생활이란 생존경쟁이라고 생각했고, 그 투쟁은 스펜서가 제창한 '적자생존'에 의해 지배된다고 주장했다.

이론을 발전시킨 《사육 동식물의 변이》(1868)도 출간했는데, 거기서도 다윈은 여전히 획득형질의 유전 메커니즘을 버리지 못했다.

《인간의 유래와 성선택The Descent of Man, and Selection in Relation to Sex》(1871)은 《종의 기원》 이후의 최대 걸작이라 불릴 만하다. 그 이유는 이 책이 인류의 진화 문제를 본격적으로 다뤘으며 성선택sexual selection에 대한 흥미로운 주장들이 들어 있기 때문이다. 인류의 진화에 대해서 그는 인류가 현존하는 영장류에서 진화한 것이 아니라 과거의 영장류 조상으로부터 진화했다는 사실을 밝혔고, 성선택 부분에서는 짝짓기를 위한 경쟁이 생존을 위한 경쟁만큼이나 진화에 중요하다는 점을 설명했다. 아무리 생존 경쟁의 최고수라 해도 만약 짝짓기에 실패한다면 진화의 측면에서는 실패일 수밖에 없다. 다윈은 성선택에 의한 짝짓기 과정이 인류의 진화를 추동하는 강력한 힘이었다고 말한다.

다윈의 또 한 권의 역작은 《인간과 동물의 감정 표현The Expression of the Emotions in Man and Animals》(1872)이다. 다윈의 후예들은 이 세 권을

성선택(sexual selection)

다윈의 성선택 이론은 번식을 위한 경쟁에 관한 이론이다. 그는 번식의 결정권이 암컷에게 있다는 암컷 선택(female choice) 이론과 암컷의 선택을 받기 위해서 수컷들이 경쟁할 수밖에 없다는 수컷 경쟁(male-male competition) 이론을 제시했다. 가령 수컷 공작의 거추장스런 깃털처럼 생존을 위해서는 득이 될 수 없는 형질이라도 암컷이 그것을 좋아한다면 진화될 수 있다는 것이다. 동물계에서 많은 경우에 암컷이 번식 선택권을 갖게 되지만, 모르몬귀뚜라미의 사례처럼 구애를 위해 엄청난 노력을 한 수컷이 그것을 갖는 경우도 간혹 있다.

묶어 '다윈 삼부작'이라 부르기도 한다. 이 책에서 다윈은 동물의 감정 표현이 어떻게 진화했는지를 면밀히 검토한다. 그래서 침팬지와 인간의 웃음, 찡그림, 화냄, 분노 등과 같은 감정 표현들이 어떻게 서로 닮았고 다른지를 상세히 비교하기도 했다. 100년 후쯤에 이 책의 해설을 쓴 어떤 연구자는 거짓말 탐지기도 무사히 통과한 범인들의 미세한 표정 변화를 연구. 범인 확인에 관하여 FBI에 자문을 해주기도 했는데 그가 교본처럼 보는 책이 바로 이 책이라고 이야기하고 있다.

《지렁이의 작용에 의한 식생 토양 형성 The Formation of Vegetable Mould Through the Action of Worms》(1881)은 다윈의 마지막 저작이다. 말년에 거대하고 폼 나는 주제를 골라 대미를 장식하려는 여느 천재들과 다윈을 비교해보라. 지렁이라니! 더 우아한 동물도 많았을 텐데 말이다. 하지만 다윈의 다음과 같은 고백을 들어보면 왜 그가 마지막 연구로 지렁이를 선택했는지 어렴풋이 짐작할 수 있을 것 같다.

"관찰과 실험을 포기할 수밖에 없는 날이 바로 내 장례식이 될 것이다."

자연선택론의 쇠퇴와 부활

과학에도 일생이 있다. 태어나서 자라고 죽는다. 1,500년 묵은 프톨레마이오스 천문체계도 코페르니쿠스에 의해 붕괴되었고, 200년 이상을 호령하던 뉴턴의 역학도 아인슈타인의 특수상대성이론으로 뒤집혔다. 이것이 역사의 교훈이라면 150년 전 《종의 기원》으로 세상을 놀라게 한 다윈의 진화론도 언젠가는 생을 마감할 것이다.

현재 다윈의 자연선택이론은 건장한 150세 청년이다. 과연 노년기가 올까 싶을 정도다. 하지만 100년 전에도 이랬을까? 교과서에 충실한 사람들은 《종의 기원》이 출간되고 나서 다윈의 진화론이 거침없이 하이킥을 날리며 승승장구했을 것이라 생각한다. 하지만 그렇지 않았다. 진화론의 역사에는 깊은 굴곡이 있었다.

자연선택 개념은 다윈의 독창적인 생각이었던 만큼 비판도 많았다. '자연선택'이란 개체가 자신이 가진 변이 때문에 다른 개체들에 비해 생존과 번식에 더 유리해져 다음 세대에 더 많은 자손을 남기는 과정이다. 하지만 비판자들은 무작위적인 변이에 작용하는 자연선택 메커니즘만으로는 기막히게 적응한 사례들을 잘 설명할 수 없다고 불평했다.

이러한 비판의 포문을 먼저 연 것이 우리가 흔히 '용불용설'이라고 부르는 라마르크의 '획득형질의 유전'을 주장하는 사람들이었다. 사실 《종의 기원》을 읽다보면 다윈마저도 이를 상당부분 받아들이고 있어 놀랄 때가 있는데, 이런 경향은 《종의 기원》이 판을 거듭할수록 더욱 심해졌다. 20세기 초 독일의 생물학자 아우구스트 바이스만이 여러 세대에 걸쳐 쥐의 꼬리를 잘랐지만 다음 세대의 꼬리가 짧아지지 않았다(즉 후천적으로 변형된 형질은 유전되지 않는다)는 것을 보이기 전까지, 획득형질의 유전과 자연선택은 '적과의 동침'까지는 아니어도 '불안한 동거'를 이루고 있었다.

'정향定向진화설'도 자연선택의 앞길을 가로막았다. 정향진화설은 생명이 내재적으로 더 완벽해지려는 쪽으로 변화하는 성향을 갖는다는 가설이다. 라마르크주의가 생명이 필요에 따라 유리한 형질을 쟁취해 진화를 이룬다는 시각이라면 정향진화설은 우수한 종을 향해 진화의 방향이 정해져 있다는 뜻이다. 이 모든 비판은 자연선택의 창조적 힘을 믿지 못한 결과였다.

게다가 다윈은 유전 현상에 대해 입증되지 않은 '범생설'과 '혼합유전설'을 믿고 있었다. 범생설이란 몸 속 세포들이 '제뮬gemmule'이라는 작은 입자를 만들어 유전 가능한 형질을 자손에게 전달한다는 것이고, 혼합유전설이란 유전 물질이 액체처럼 서로 섞여 전달된다는 것이다. 하지만 이런 견해에 따르면 개체들 사이의 차이가 시간이 지날수록 줄어들어 결국 종분화가 불가능해지기 때문에 다윈으로서도 심각한 문제였다. 가령 흰 물감과 검은 물감을 섞으면 회색만 나올 뿐, 회색끼리 섞어서 흰색과 검은색이 나올 수는 없는 것과 같다.

사태가 이 지경이 되자 다윈은 1880년에 과학전문지 〈네이처〉의 편집장에게 격앙된 어조로 다음과 같이 편지한다. "나는 진화가 자연선택에만 의존한다는 주장을 결코 한 적이 없소이다." 안쓰러운 광경이다. 영국의 진화론 역사가인 피터 보울러Peter Bowler는 19세기 후반에서 20세기 전반까지를 '다윈주의의 쇠퇴기'라고까지 부른다. 때마침 적자생존 개념을 인간 사회에 적용하여 빈민들을 냉혹하게 몰아붙였던 스펜서의 사회다윈주의는 다윈의 원래 이론마저도 곤경에 빠뜨렸다.

그러나 추락하는 다윈을 구원한 이는 오히려 그를 궁지에 몰아넣은 유전학 분야에서 나왔다. 유전학의 아버지 그레고어 멘

다윈주의의 부활을 이끈 학자들(왼쪽부터 테오도시우스 도브잔스키, 조지 게이로드 심슨, 레드야드 스테빈스)

델Gregor Johann Mendel, 1822-1884. 그의 역사적인 논문 〈식물 교잡 실험Versuch über Pflanzen〉은 1866년에 발표되었지만 1900년 유전학자 휘호 더프리스Hugo de Vries, 1848-1935에 의해 재발견될 때까지는 존재감이 없었다. 그 유명한 멘델의 완두 실험이 세상의 빛을 본 후, 다윈이 쩔쩔맸던 유전 문제도 돌파구를 찾았다. 멘델은 입자처럼 서로 섞이지 않는 유전물질이 다음 세대에 독립적으로 유전된다고 생각했다. 하지만 그의 이론은 곧 완두의 껍질처럼 명확히 구별되는 불연속적 형질에만 적용된다고 비판받는다. 이에 현대 통계학의 아버지로 불리는 로날드 피셔Ronald Fisher, 1890-1962는 1918년 사람의 키와 같은 연속적인 변이들도 멘델의 유전 이론으로 설명할 수 있음을 통계적으로 보였다. 영국의 유전학자 홀데인John Burdon Sanderson Haldane, 1892-1964은 후추나방 색깔의 진화를 관찰함으로써 피셔의 예측모형을 경험적으로도 입증했다. 이로써 수많은 연속적 변이들에 작용하는 자연선택의 힘이 검증되었고, 개체군의 유전자 빈도 변화에 초점이 맞춰진 진화론이 탄생했다. '다윈 부활 프로젝트'는 성공적이었다.

부활한 다윈은 러시아 출신의 테오도시우스 도브잔스키Theodosius Dobzansky, 1900-1975와 독일 출신의 에른스트 마이어 등에 의해 새 힘을 얻었다. 고생물학자 조지 게이로드 심슨George Gaylord Simpson, 1902-1984과 식물학자 레드야드 스테빈스Ledyard Stebbins, 1906-2000는 각각 화석연구와 식물연구를 통해 획득형질 유전설, 정향진화설, 도약설보다 자연선택이론을 더 강력히 지지한다고

《진화: 근대적 종합》으로 다윈주의의 부활을 알린 줄리언 헉슬리

천명했다. 급기야 1942년 영국의 생물학자 줄리언 헉슬리Julian Huxley, 1887-1975('다윈의 불독'을 자처했던 토머스 헉슬리의 손자이며 《멋진 신세계》의 작가 올더스 헉슬리의 동생)는 《진화: 근대적 종합Evolution: the Modern Synthesis》이라는 책을 통해 당시의 핑크 무드를 전했다.

되돌아보면 '종합'이라는 표현은 좀 민망하다. 너무 일찍 터뜨린 샴페인이기 때문이다. 제임스 왓슨과 프란시스 크릭의 DNA 이중나선구조 발견이 1953년에야 일어나지 않았던가? 우리는 그 이후에야 유전자의 실체를 바로 알기 시작했다.

이제는 고전의 반열에 오른 리처드 도킨스의 《이기적 유전자》도 따지고 보면 다윈과 왓슨 사이에서 태어난 하이브리드다. 좀 더 정확히 말하면 도킨스는 분자생물학의 세례를 받아 〈사회적 행동의 유전적 진화The Genetical Evolutionn of Social Behaviour〉(1964)라는 논

문으로 이타성의 진화를 설명한 윌리엄 해밀턴$^{William\ Hamilton}$의 견해를 창조적으로 재구성한 커뮤니케이터였다. 도킨스는 이타적으로 보이는 동물의 협동 행동들이 유전자의 눈높이에서는 이기적일 수 있음을 극적으로 보여주었고, 우리 인간도 결국 '유전자의 운반자'라는 점을 강조하며 다윈의 생명관을 도발적으로 각색했다. 도킨스의 이기적 유전자 이론에서 가장 중요한 행위자는 유기체가 아니라 유전자다.

비슷한 시기에 하버드 대학의 에드워드 윌슨이 출간한《사회생물학》(1975)은 동물행동학 연구의 패러다임을 바꿔놓았다. 실제로 윌슨의 후예들인 행동생태 연구자들은 개체들끼리 얼마나 유전적으로 가깝고 먼지를 밝혀주는 DNA 분석을 비롯한 온갖 유전학적 기법들을 적극 활용하고 있다. 유전체 염기서열을 해독할 수 있는 기술이 발달하면서 형태만 보고 생물종을 분류했던 과거의 분류학에도 큰 변화가 생겼다.

발생학에도 엄청난 변화가 일어났다. 사실 '근대적 종합'이나 '신다윈주의'로 불리는 1940년대 진화론의 발전은 반쪽짜리다. 이때만 해도 발생학은 막 등장한 유전학의 막강한 위세에 밀려 통합의 언저리에도 끼지 못했다. 신다윈주의자들은 하나의 수정체가 어떻게 성체로 발생하는지, 그리고 그런 발생 메커니즘 자체가 어떻게 진화해왔는지는 관심이 없었다. 오직 성체에 작용하는 자연선택에만 관심을 기울였다.

사실 수정된 세포가 하나의 생명체가 되는 발생 메커니즘이야말로 변이를 만들어내는 핵심이었는데도 오히려 블랙박스처럼 취급되었다. 발생을 조절하는 유전자들의 정체가 속속 밝혀지기 시작한 1980년대에 들어서서야 변화의 바람은 일어났다. 드디어 발생이라는 블랙박스가 열리기 시작한 것이다.

예컨대 분자유전학의 발전으로 초파리의 체절 형성을 조절하는 혹스 유전자들이 발견되더니, 그 유전자들이 포유류의 척추와 골격 형성에도 똑같이 관여한다는 사실이 밝혀졌다. 즉, 같은 유전자가 아주 동떨어진 종에서도 동일한 기능을 하고 있다는 것이다. 이런 연구들은 발생과 진화의 만남의 장소가 되었고 연구자들은 여기에 '이보디보Evo-Devo'(진화발생학 evolutionary developmental biology)라는 예쁜 이름을 붙여주었다. 이보디보에 의하면 생명종의 다양성은 레고블록(혹스 유전자)들을 다른 방식으로 쌓음으로써 생겨났다. 이보디보로 인해 진화에 대한 이해도 깊어져, 이젠 유전자 빈도뿐만 아니라 발현 방식도 활발히 연구되고 있다.

하지만 자연선택론의 이런 역동적인 발전은 생물학계 내부의 치열한 논쟁들을 통해 진행되어 왔다고 해야 할 것이다. 지난 150여 년 동안 유전학, 분자생물학, 분류학, 생태학, 그리고 발생학 등이 진화생물학과 함께 발전하면서 진화의 본성에 대한 견해들도 수정에 수정이 거듭되었다. 치열한 논쟁과 이론의 수정은, 통념과는 달리 좋은 과학의 징표이다. 다음 절에서는 '근대적 종합' 이후로 진화론 내부에서 치열하게 전개되었던 몇 가지 논쟁들 중 대표적인 네 가지, 즉 변이의 생성, 자연선택의 힘, 이타성의 진화, 진화의 속도에 관한 논쟁들을 소개하고자 한다.

만남 4

진화론 내부의
생존투쟁

> 과학 지식은 추측과 반박을 통해 성장한다. – 포퍼, 《추측과 논박》(1963)
> 과학은 대개 맞수들 간의 치고받는 싸움이다. 생물학도 예외는 아니다.
> – 스터렐니, 《유전자와 생명의 역사》(2000)

돼지가 날개를 달던 날

자연선택에 의한 진화 과정은 좀 더 크게 보면 유전 가능한 변이들이 발생하는 단계와 그 변이들에 대해 자연선택이 작용하는 단계로 나뉠 수 있다. 따라서 깃털, 눈, 사지와 같은 새로운 형질들이 어떻게 세상에 처음 나오게 되었는지를 탐구하는 것은 일차적으로 첫째 단계인 변이 생성 메커니즘과 관련된다. 이런 형질들을 향후에 선택·보존하는 자연선택도 논리상 이런 새로운 변이들이 나온 뒤에야 작동할 수 있다.

하지만 불행히도 다윈 이후로 이런 새로운 형질들이 어떻게 생겨나는가 하는 기원 문제는 주류 진화생물학자들의 관심 밖에 있었다. 실제로 20세기 전반기 내내 진화생물학자들은 변이가 생겨나는 메커니즘을 마치 블랙박스 안에 이미 그런 변이들이 존재한다는 가정하에, 그 변이들에 작용하는 자연선택 메커니즘에만 주로 관심을 기울였다. 즉, 근본적으로 변이들이 어떻게 생겨나는지는 묻지 않은 채, 그저 변이들이 무작위적으로 일어난다는 선에서 얼버무린 셈이다. 진화생물학의 근대적 종합이 발생학을 비과학적으로 여겨 배제했기 때문에 이런 상황이 벌어졌다.

그러다 보니 진화적 변혁, 즉 변이들이 최초에 어떻게 혁신적으로 생겨났는지에 관한 문제는 점점 더 풀리지 않는 수수께끼로 남게 된다. 진화적 변혁이 생기려면 거대 돌연변이가 발생해야 하는데, 그런 것들이 무작위적으로 발생한다는 것도 힘들고 설령 발생한다 해도 대부분 해로운 것들이기 때문이다. 불행히도 '희망적인 괴물 hopeful monster'은 출현할 가망이 없는 존재로 판명 나버렸다.

사실 진화적 변혁의 원인이 무엇인가에 대한 것은 다윈 자신도 곤란을 겪었던 문제였다. 그는 《종의 기원》에서 캄브리아기에 엄청난 변혁들이 일어났다는 사실을 인정하면서도 왜 그런 변혁들이 생겨나게 되었는지는 잘 모르겠다고 고백한 바 있다. 특히 점진론을 확립한 당사자로서 이른바 캄브리아기의 대폭발 Cambrian explosion을 설명하는 일은 분명 녹녹지 않았을 것이다. 또한 화석 기록의 불연속성도 다윈을 아주 곤혹스럽게 만든 증거였다. 급기야 그는 화석 기록이 불완전하기 때문이라고 둘러댈 수밖에 없었고, 이런 핑계는 지난 100여 년 동안 진화론의 지위를 어떻게든 깎아내리려는 창조론자들에게 결과적으로 좋은 빌미를 제공했다. 종 내부의 변이들은 인정할 수 있지만 그 이상의 상위 분류군 수준에서 벌어지는 거대 규모의 변화들은 기존 진화론으로 도저히 설명되지 않는다는 주장은 창조론자들이 제기하는 단골메뉴가 되어왔다.

만일 내일이라도 당장 바퀴 달린 동물이 출현할 수 있을까? 그게 힘들다면, 내일 아침에 태어나는 돼지 중에 날개를 단 새끼가 나올 수는 있을까? 이런 커다란 변혁이 갑자기 일어난다면 틀림

없이 생명의 역사는 크게 달라질 것이다. 하지만 이런 일들은 일어날 가능성이 거의 없다. 왜 그럴까?

일단 '발생적 제약developmental constraints'에 원인이 있을 수 있다. '발생적 제약'이란 발생 체계가 지극히 안정적이기 때문에 특정 변이가 출현하지 않는 현상이다. 또는 발생 체계가 한쪽으로 치우쳐 있어서 특정 변이들을 아주 드물게 발생시키는 경우도 넓은 의미에서 발생적 제약이라 할 수 있다. 예를 들어 지네의 체절 수는 종에 따라 15개부터 191개까지 다양하지만 흥미롭게도 모두 홀수다. 한편 곤충의 경우에는 머리 부분에는 6개, 가슴에는 3개, 그리고 배에는 9개의 체절이 있어서 총 체절 수는 18개로 고정되어 있다. 이것들은 발생적 제약으로밖에 설명될 수 없는 현상이다. 실제로 초파리의 경우에는 '간격 유전자gap genes'가 초파리 체절 수를 조절하는데, 인위적으로 이 유전자에 변이를 일으켜주면 인접한 체절들 사이에 경계가 무너져 결국 초기 배아 상태에서 죽고 만다. 자연 상태에서는 이런 변이가 아주 드물게만 나타나는 것으로 알려져 있다. 초파리의 체절 수가 변할 수 없는 이유는 바로 이런 발생상의 제약 때문이다.

은유적으로 말하면, 발생적 제약 문제는 일종의 첫 단추가 어디에 꿰어 있는가에 관한 문제다. 마지막 단추의 자리는 첫 단추가 어떻게 꿰어졌는가에 의해 결정될 수밖에 없듯이 변이의 발생은 그 개체가 대대로 물려받은 발생 체계에 크게 의존하기 때문이다. 일종의 역사적 유산인 셈이다. 이 역사적 유산을 청산하려면 물려받은 발생 체계를 수정하는 길밖에 없다. 이런 관점에서 보면 생명의 장구한 역사는 발생 체계의 변동사이며, 진화적 변혁의 출현 메커니즘에 관한 우리의 물음은 결국 발생 체계의 변동 메커니즘에 관한 물음이 되는 것이다.

그렇다면 발생 체계의 변동은 어떻게 일어나는가? 실마리는 발생 유전자$^{developmental\ genes}$에 있다. 사실 통합 생물학을 지향하는 진화발생학(이보디보)은 지난 30년 동안 이 발생 유전자들을 발견하는 과정에서 탄생했다고 해도 과언이 아니다. 그중 가장 중요한 발견은 이른바 '호메오박스(180개의 염기로 구성된 특정 DNA 단편)^{homeobox}'의 발견일 것이다.

미국의 발생학자 루이스$^{Edward\ B.\ Lewis,\ 1918~2004}$는 1940년대부터 초파리의 체절 형성을 조절하는 호메오 유전자$^{homeotic\ genes}$를 연구했는데, 1970년대 후반기에 이르러 두 명의 독일 생물학자에 의해 그 염기서열(호메오박스)이 밝혀졌다. 그 이후로 연구자들은 이 호메오박스가 초파리의 모든 세포 내에서 전사^{transcription} 과정(DNA에서 전령 RNA를 만들어 유전 정보를 옮기는 과정)의 스위치를 정교하게 작동시킴으로써 세포의 운명을 결정하는 마스터 스위치 역할을 담당한다는 사실을 알게 되었다.

더욱 놀라운 것은 이 호메오박스들이 초파리에서뿐만 아니라 심지어 쥐와 인간과 같은 척추동물에서도 동일하게 발견된다는 사실이다. 호메오 유전자인 혹스^{Hox} 유전자의 발견은 1980년대부터 그야말로 봇물처럼 쏟아져 나오기 시작한다. 예를 들어, 초파리의 발생 과정에서 배아의 전후 축을 결정하는 염기서열은 포유류의 척추와 골격 형성에 관여하는 유전자에도 같은 형태로 보존되어 있다는 사실이 밝혀졌다. 즉, 유사한 염기서열이 계통적으로 아주 동떨어진 종에서도 매우 유사한 기능을 하게끔 보존되어 있다는 것이다.

좀 더 포괄적으로 보자면 혹스 유전자와 같은 마스터 조절 유전자˙들은 생명의 다양성을 만드는 데 사용되는 일종의 레고 블록이다. 개구리, 악어, 제비, 침팬지, 그리고 인간을 만들려면 초파리의 경우보다는 레고 블록을 더 많이 사용해야 할 것이다. 하지만 이 모든 다양한 생명체를 진화시키는 과정 속에서 자연은 초파리를 위해 사용했던 레고 블록을 다시 활용해왔다. 생명의 다양성은 말하자면 레고의 수와 조립 방식이 변화된 결과다. 즉, 혹스 유전자 수의 증감과 그 유전자의 발현 방식의 차이 때문에 생겨났다.

진화적 변혁도 근본적으로 이런 변화 때문에 일어났다. 다음 쪽의 그림을 보면 알 수 있듯이 다양한 규모의 형태적 차이들이 발생 유전자의 수와 발현 방식 때문에 생겨났다. 진화적 변혁을 위해서는 더 이상 거대 규모의 돌연변이 같은 것은 필요치 않다.

🌀 마스터 조절유전자

특정 발생 과정의 전반적인 사항을 통제하는 유전자로서 마치 마스터 스위치 같은 역할을 한다. 척추동물에서 눈 발생을 조절하는 팩스식스(pax6) 유전자와 초파리의 눈 발생을 조절하는 아이리스(eyeless) 유전자가 그 대표적인 경우이다. 곤충의 눈은 겹눈으로서 척추동물의 눈과는 구조, 구성 재료, 그리고 작동 방식에서 엄청난 차이를 갖고 있다. 하지만 초파리의 아리리스 유전자를 생쥐의 배아에 이식시키거나 반대로 생쥐의 팩스식스를 초파리의 배아에 이식시키면, 생쥐의 배아에서는 생쥐의 눈이, 초파리의 배아에서는 초파리의 눈이 정상적으로 발생한다.

혹스 유전자의 변화가

1. 혹스 유전자 수의 변화는 가장 큰 규모의 변화를 일으킨다.
2. 혹스 유전자의 발현 방식에 변화가 일어난 경우

발생 유전자 수준에서의 작은 변화가 표현형의 수준에서는 엄청난 변혁을 몰고 올 수 있기 때문이다.

이런 사실은 앞서 언급된 발생적 제약에 대한 흥미로운 해석을 가능케 한다. 그것은, 발생적 제약이 극복되고 진화적 변혁이 일어나려면 발생 유전자의 수가 증가하거나 그 유전자의 발현 방식이 변화되어야 한다는 점이다. 발생 과정에서 별로 중요한 역할을 하지 않는 유전자들을 아무리 늘리거나 변화시켜봤자 근본적인 변화는 일어나지 않는다. 하지만 변화의 폭은 적다 해도 적재적소에 생겨난 변화라면 상위 수준에서 엄청난 차이를 발생시킬 수 있는 것이다. 동물계에 존재하는 근본적인 형태적 차이는 총 26개의 문門, phyla으로 표현된다. 각 문은 각자의 신체 설계 body plans를 갖고 있으며, 문보다 아래 단계의 분류군들(종, 속, 과, 목)은 그 신체 설계 범위 내에서 생겨난 일종의 변형들이다. 예를 들어 딱정벌레가 속해 있는 절지동물과 인간이 속해 있는 척색동

동물의 진화에 미치는 영향

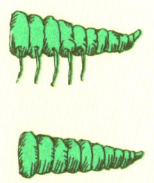

3. 혹스 유전자의 염기서열 중 일부가 변한 경우

4. 똑같은 혹스 유전자를 갖고 있으나 하부 유전자가 다른 경우

※ 그림에서 볼 수 있듯이 1→4로 갈수록 형태 변화의 폭이 작다.

물은 서로 다른 신체 설계를 가진 다른 문에 해당된다. 하지만 흥미로운 사실은, 이렇게 근본적으로 다른 신체 설계들도 따지고 보면 발생 유전자 수준에서 벌어진 몇 가지 변화의 산물이라는 점이다. 이 모든 신체 설계들이 동일한 주제의 변주에 불과하다는 사실은 20세기 후반의 가장 위대한 발견 중 하나일 것이다.

도쿄 지하철은 환승 거리가 왜 그렇게 길까?

자연선택의 힘은 그토록 강력한 것인가? 고생물학자인 스티븐 제이 굴드Stephen Jay Gould, 1941~2002와 집단유전학자인 르원틴Richard Lewontin, 1929~은 1979년에 〈산마르코의 스팬드럴과 팡글로스적인 패러다임The Spandrels of San Marco and the Panglossian Paradigm〉이라는 매우 유명한 논문에서 당시의 진화생물학자들이 자연선택의 능력을 과

산마르코 대성당과 그 내부의 스팬드럴

신한 나머지 시험 가능한 가설을 세우지도 않은 채 이런저런 기능 때문에 자연선택에 의해 진화했다라는 식의 '단지 그럴듯한 이야기 just so story'에 만족하고 있다고 호되게 비판했다. 이런 비판은 마치 《캉디드 Candide》(1759)에 나오는 낙천적인 선생 팡글로스가 "우리의 코는 안경을 받치기 위해 존재한다"라고 말한 것처럼, 당시의 진화생물학이 입증할 수도 없는 이야기를 지어내어 적응형질들을 터무니없이 양산하고 있다는 지적이었다.

논문의 제목에 등장하는 스팬드럴 spandrel은 대체로 역삼각형 모양인데 돔을 지탱하는 둥근 아치들 사이에서 형성된 구부러진 곳이다. 이탈리아 베네치아의 산마르코 대성당의 돔 밑에 있는 스팬드럴은 네 명의 기독교 사도를 그린 타일 모자이크로 장식되어 있다. 굴드와 르원틴은 적응주의자들이 만약 이 스팬드럴을 본다면 기독교적 상징을 표현하기 위해 특별히 설계된 구조물로 간주하게 될 것이라고 말한다. 그 스팬드럴은 아치 위에 있는 돔을 설치하는 과정에서 어쩔 수 없이 생긴 부산물일 뿐인데 말이다. 산마르코 대성당의 스팬드럴은, 자연선택에 의한 적응이 아닌데도 모종의 기능을 수행하는 듯이 보이는 생물학적 형질들을 건축물에 빗댄 표현이다. 이것에는 실제로 적응형질을 구별하는 작업이 엄청나게 어렵다는 뜻도 담겨 있다. 건축물의 스팬드럴은 생물학적으로는 적응이 아닌 부산물$^{by-product}$이다.

일본 도쿄의 지하철은 서울 지하철보다 여러 가지 면에서 복잡하다. 한번은 도쿄에 출장을 갔다가 시내에서 지하철을 갈아타야 했었다. 그런데 환승을 위해 너무 긴 거리를 걸어야 했다. 계단만 서너 번을 오르락내리락했던 것 같다. 그래서 나중에 일본 친구한테 물은 적이 있다.

"도쿄 지하철은 환승 거리가 왜 그렇게 길대? 다리 아파 죽겠던데."

"응, 그거……. 도쿄 시민의 건강을 위해 일부러 그렇게 만들었다는 설이 있어. 여기서 별로 뚱뚱한 사람 못 봤지? 다 환승을 위해 오래 걷도록 만든 덕이야."

"에이, 농담하지 마. 그럴 리가 있겠어?"

"그래, 사실은 지하철 노선마다 회사가 전부 다르거든. 그래서 회사마다 이해관계가 다르다 보니 전체 조율이 안 된 상태에서 노선 수가 지금처럼 늘어나서 생긴 문제지. 하지만 그 덕에 우리 다리는 튼튼하고 날씬해졌지. 하하."

아마 굴드와 르윈틴이 일본에 오래 살았더라면 적응주의$_{adaptationism}$를 비판하기 위해 도쿄 지하철의 예를 들었을지도 모르겠다. 환승거리가 길도록 설계된 도쿄 지하철의 구조는 시민의 건강을 위한 놀라운 설계(적응)처럼 보이나, 사실은 노선 회사의 이해관계 때문에 어쩔 수 없이 생긴 부산물에 불과하다고 해야 할 것이다. 이것이 적응과 부산물의 차이다.

실제로 굴드와 르원틴의 비판은 당시의 적응주의자들에게 하나의 도전으로 여겨졌고, 좀 더 정교화된 적응주의를 나오게 만든 결정적인 계기가 된다. 이후의 적응주의자들은 어떤 형질이 적응이냐 부산물이냐를 놓고 전보다 매우 신중해졌으며 이를 가

똑같던 두 건물이 분화 과정을 거쳐 매우 다른 건물이 됐다. 마찬가지로 유전자가 중복되고 분화되는 과정을 통해 생명의 다양성이 생겨난다.

릴 수 있는 시험 가능한 가설들을 제안하기 위해 노력하게 된다. 적응주의자들은 다음과 같은 과정을 꼭 거친다.

1. 진화 과정에 자연선택만이 중요한 인과적 요인으로 작용했다고 보고 형질들을 예측한다.
2. 예측치와 실제 형질의 차이를 비교한다.
3. 그 형질의 진화에 다른 요인들이 어떻게 관여했는지 가설을 세운다.

아무리 극단적인 적응주의자라 해도 모든 형질을 적응으로 간주하는 사람은 없다. 또한 인간의 눈과 같이 복잡한 기능을 수행하는 형질에 대해서는 자연선택에 의한 진화로만 설명할 수 있다는 점에는 모두들 동의한다. 하지만 어떤 형질이 적응인지 아니면 부산물인지를 가리는 일은 여전히 힘든 작업이긴 하다.

유전자는 이기적인데 왜 인간은 남을 돕는가?

땅다람쥐 한 마리가 뒷발로 곧추선 상태에서 하늘을 올려다보고 있다. 그 위에는 독수리가 바람을 가르며 먹잇감을 노리고 있는데 그는 도망갈 태세가 아니다. 되레 소리를 지른다. 겁먹은 비명이 아니라 뭔가를 알리는 신호다. 그 소리에 주변의 동료 다람쥐들은 재빨리 굴 속으로 숨어버린다. 하지만 신호를 냈던 땅다람쥐는 독수리의 맛있는 저녁거리가 됐다. 이 얼마나 숭고한 희생인가! 하지만 당사자의 입장에서 본다면 참으로 바보 같은 행동이리라. 조용히 숨어버리면 목숨을 건질 수 있었을 텐데 웬 소영웅주의인가?

생명이 자연선택에 의해 진화되어왔다는 이론을 제시해서 생물학의 혁명을 이끌었던 다윈에게도 속으로 끙끙 앓고 있던 문제가 하나 있었다. '도대체 남을 돕는 행동이 어떻게 진화할 수 있는가?'라는 물음이었다. 동물들이 이타적 행동을 하곤 한다는 사실은 개체들의 생존 경쟁으로 진화가 일어난다고 보았던 다윈의 기본적인 생각과 잘 들어맞지 않았다. 게다가 남을 돕는 행동은 동물계에서 남을 짓밟는 행동만큼이나 흔하게 나타나는 보편적인 현상이다.

사향소나 어치 등은 천적으로부터 자기 자신을 보호하기 위해 서

경고음을 내고 있는 땅다람쥐

로 협력하여 집합체를 이룬다. 많은 육식 동물(가령 늑대, 아프리카산 사냥개, 침팬지, 사자, 그리고 적어도 한 종 이상의 매)은 협동을 통해 사냥을 하고 고기를 나눠 먹는다. 암사자들은 우두머리 수사자의 배다른 새끼들이 자신의 젖을 먹도록 놔둔다. 또한 피를 구하는 데 실패한 흡혈 박쥐는 자기 숙소에 있는 다른 동료들에게서 피를 얻는다. 새의 많은 종들은 자식들을 협동해서 돌본다. 심지어 자기 자식 낳기를 포기하고 자매들을 평생 돌보는 암개미의 희생적 행동도 있다. 목숨을 걸고 경고음을 내는 땅다람쥐도 있지 않은가!

이타적인 듯이 보이는 동물들의 이런 행동은 진화론적으로 어떻게 설명될 수 있을까? 동물들의 협력 행동은 우리가 풀어내야 할 하나의 지적인 수수께끼임에 틀림없다. 왜냐하면 다윈의 진화론에 따르면 자기 자신의 적응도를 훼손하면서까지 남을 돕는 행동은 진화의 대상이 아닌 것처럼 보이기 때문이다. 실제로 다윈은 많은 사회성 곤충 종(개미, 벌, 말벌 등)에서 보편적으로 나타나는 자기희생적 행동이 자신의 자연선택론에 위협이 될까 봐 전전긍긍하기도 했다. 이런 의미에서 협동행동의 진화에 관한 물음이 다윈 이후 동물행동학의 중심이 되었다는 사실은 그리 놀랄 만한 것이 아니다.

하지만 20세기 진반에 수행된 이타성에 관한 연구는 많은 양의 경험적 자료들을 축적하긴 했으나 이타성의 진화에 대한 새로운 이론들을 발전시키지는 못했다. 다윈이 얼버무린 것처럼, 집단을 위해 개인이 희생한다는 식이었다. 가령 로렌츠^{Konrad Lorenz, 1903~1989}와 같은 동물행동학자는 맹수들이 서로 싸우더라도 대개 상대방이 죽을 때까지 싸우지 않는 것은 종족(집단)을 유지하려 하기 때문이라고 주장했다. 하지만 집단을 배신하고 자신의 이득을 챙기는 얌체는 늘 있기 마련이다. 도대체 이타성은 어떻게 진화할 수 있단 말인가?

동물행동학자들에 따르면 남을 돕는 행동은 크게 네 갈래 길로 진화했다. 첫째 길은 혈연 돕기다. 경고음을 내는 땅다람쥐 이야기로 되돌아가보자. 한 연구자는 이런 경고음이 친척들을 위험에서 구하기 위해 진화되었을 것이라는 가설을 세우고 이를 경험적으로 입증해보였다. 그는 실제로 수컷 다람쥐보다는 암컷이 더 자주 경고음을 낼 것이라고 예측했다. 왜냐하면 수컷은 성장한 후에 다른 지역으로 이주하여 비친족 집단을 이루고 사는 데 비해 암컷은 계속적으로 친족 집단 속에서 지내기 때문이다. 즉, 수컷은 경고음을 내봤자 자기 목숨만 위태로울 뿐 자신의 친족들에게 도움을 못 주는 반면 암컷의 경고음은 친족들에게 큰 도움이 된다는 논리다.

그런데 놀랍게도 이 예측이 사실로 드러났다. 땅다람쥐가 자신의 위험을 무릅쓰고 경고음을 내는 것은 혈연을 돕기 위한 행동이었던 것이다. 리처드 도킨스는 자신의 명저 《이기적 유전자》(1976)에서 혈연 돕기는 유전자의 관점에서 보면 오히려 이기적일 뿐이라고 주장한다. 인간의 돕기 행동도 가만히 보면 수혜자는 '남'이 아니라 '친척'인 경우가 많다.

둘째는 혈연을 넘어서서 펼쳐지는 이타적 행동이다. '윈윈 전략 win-win strategy'으로 암사자들은 함께 사냥을 하고 먹이를 같이 나눠 먹는다. 하지만 이 경우에는 먹이를 함께 사냥하는 편이 혼자 사냥하는 것보다 성공 확률이 더 높은 경우이기 때문에 그 협동 행동이 이타적이라고 말하기에는 다소 부적절하다. 경쟁보다는 협동하는 것이 자신에게 무조건 더 큰 이득이 될 때 동물들은 상대가 혈연인지 아닌지와 상관없이 서로 협력한다. 인간의 세계에서도 이른바 윈윈 전략은 바로 이런 경우를 두고 하는 말이다.

셋째는 좀 더 복잡한 상황이다. 상대방이 배신을 할지, 아니면 협조를 할지 모르는 상황에서 무작정 협력을 할 수는 없는 노릇이다. 경제학자들은 게임 이론을 통해 '상호호혜성reciprocity'이라는 것이 어떻게 진화할 수 있는지를 연구해왔다. 그 결과 일명 'TFT(tit for tat, 앙갚음, 피장파장이라는 뜻)'라 불리는 행동 전략이 가장 성공적임이 밝혀졌다. 이 전략은 처음에는 무조건 상대방에게 협력하되 이후 만남에서는 상대방의 직전 행동과 동일하게 행동하는 전략을 말한다. 구체적으로, TFT를 채택한 개체는 절대로 먼저 상대방을 배신하지는 않지만 상대방의 배신에는 즉각적으로 대응한다. 그리고 상대방의 행동들 중 바로 직전의 것만 기억하고 이전의 배신은 눈감아준다.

임팔라impala 영양이 상대방을 핥아주는 행동은 TFT 전략으로 진화된 돕는 행동이다. 이 영양은 자신의 몸을 청결하게 하기 위해 상대방의 몸을 핥아주는 행동을 진화시켰다. 사실 남의 몸을 핥아주는 행동은 여러 가지로 희생이 따르는 행동(에너지 손실, 타액 손실, 포식자에 대한 감시 소홀 등)이기 때문에 단 한 번의 만남을 통해서는 진화할 수 없고 빈번한 만남을 통해서만 진화할 수 있다. 어떤 연구에서는 실제로 수컷─수컷, 암컷─암컷 간에 벌어지는 핥아주기가 시간적으로 매우 공평하게 상호호혜적으로 진행된다는 사실이 밝혀졌다. 최근에는 흡혈박쥐가 동료들에게 피를 나눠주는 행동과 침팬지가 상대방의 털을 손질해주는 행동의 경우에도 이런 호혜성이 비교적 정확하게 지켜진다는 사실도 밝혀졌다.

그러나 정설이 되어버린 이러한 이론들을 비판하며 그동안 학계에서 거의 이단시되어왔던 집단선택 이론을 새롭게 부활시키려는 움직임들이 최근에 진행되고 있어 흥미롭다. 진화생물학자인 윌슨David S. Wilson과 생물철학자인 소버Elliott Sober가 그 대표 주자인데, 그들은 예전의 집단선택 이론은 폐기하되 새로운 유형의 집단선택 이론을 들고 나왔다. 그들의 주장은 집단 내의 유유상종類類相從이 이타성의 진화를 가능케 한다는 것이다. 그들에 따르면 한 개체군 내에서 이타적인 놈들은 이타적인 놈들끼리, 이기적인 놈들은 이기적인 놈들끼리 상호작용을 하게 되면 그렇지 않을 때 생기는 이기적인 개체들로 인한 전체 집단의 붕괴를 막을 수 있고, 따라서 이타성이 진화할 수 있다. 그들은 이기적 유전자 이론을 받아들이는 사람들이 집단 내부로부터의 붕괴를 막고 협동을 강제하는 이러한 메커니즘들을 무시했다고 비판한다.

이러한 혈연 돕기, 원원 전략, 상호호혜성, 그리고 집단 선택은 인간의 선행을 일정 부분 설명해준다. 하지만 이 정도만으로 남을 돕는 인간의 이타적 행동이 다 설명될 것 같지 않다. 예컨대 혈연도 아니고 대가를 바랄 수도 없는 사람들을 위해 한평생을 헌신하다 가신 테레사 수녀1910~1997 같은 분들도 계시기 때문이다. 어떤 사람들은 이런 분들의 이타성을 타산적이지 않다는 의미에서 '순수 이타성'이라고 부르기도 한다. 이 순수 이타성은 인간 아닌 동물에서는 아직 관찰된 바 없다. 어쩌면 우리 인간만이 자신과 아무런 상관도 없는 타인의 복지와 행복을 위해 자기 자신을 온전히 희생할 수 있는 유일한 동물인지 모른다. 하지만 인간의 이런 속성을 구현하고 사는 사람은 혼잡한 현대 사회에서 극소수에 불과하다.

진화에도 박자가 있다고?

그룹 퀸Queen이 1975년 발표한 노래 〈보헤미안 랩소디Bohemian Rhapsody〉는 록음악에 문외한인 나에게도 가끔씩 전율을 느끼게 해준다. 이 곡은 처음에는 다소 느리게 진행되다가 중간쯤에 와서는 몇 마디의 피아노 비트를 기점으로 해서 갑자기 숨이 가빠진다. 그러다 끝 무렵에 가서는 원래 빠르기로 되돌아간다. 이 곡을 좋아하는 이유는 사람마다 다를 것이다. 내 경우에는 이렇게 두 번에 걸친 템포의 변화 때문에 이 곡을 좋아한다. 프레디 머큐리가 처음부터 끝까지 똑같은 빠르기로 이 곡을 열창하는 모습을 상상이나 할 수 있겠는가!

템포의 변화가 심하게 눈에 띄는 클래식 음악 중에서 내가 알고 있는 것으로는 브람스Johannes Brahms, 1833~1897의 '헝가리 춤곡 5번'이 있다. 변화무쌍한 템포 때문인지 채 3분밖에 안 되는 연주이지만 그 속에 애절함과 흥겨움이 묘하게 공존해 있는 듯하다. 하지만 템포 변화와 명곡이 항상 상관관계를 보이는 것 같지는 않다. 누구든 한번쯤 들어봤을 비발디Antonio Vivaldi, 1678~1741의 〈사계La quatto stagione〉제1악장 '봄'은 시종일관 알레그로(빠르게)로 진행된다.

음악사가들은 템포가 하나의 중요한 요소로 인식되기 시작한 시기는 놀랍게도 17세기 이후부터라고 이야기한다. 이때부터 '알레그로', '모데라토' 등의 빠르기말이 악보에 사용되기 시작했고 메트로놈이 발명된 19세기 이후에는 템포가 객관적인 값으로 통용될 수 있게 되었다.

오늘날 음악에서 곡에 어울리는 템포를 찾는 것, 또한 이를 적절히 변화하는 것은 핵심적 요소다.

변화하는 대상은 그것이 무엇이든지 항상 어떤 템포(빠르기, 속도)를 가지게 마련이다. 음악에서 음은 어떤 속도를 가질 것이고, 새로운 별의 탄생에도 어떤 템포가 있을 것이며, 과학 이론의 변화도 특정한 속도로 진행될 수 있을 것이다.

그렇다면, 생명의 진화에도 속도가 있을까? 흔히 알려져 있듯이, 다윈은 생물의 진화가 장구한 세월 동안 점진적으로 진행된다고 보았을까? 혹시, 생물이 갑자기 불연속적으로 도약하며 진화하지는 않을까? 마치 라르고(아주 느리게)에서 프레스토(아주 빠르게)로 템포가 바뀌는 음악처럼 말이다.

다윈 시대부터 오늘날에 이르기까지 생물학자들은 진화의 속도에 대해 매우 치열한 논쟁을 벌여왔다. 그도 그럴 것이 지질학적 기록은 점진적 변화뿐만 아니라 급격한 변화에 대해서도 어떤 증거를 제공하는 듯이 보이기 때문이다.

다윈의 충실한 친구 헉슬리는 다윈의 혁명적인 저서가 서점 진열대에 오르기 하루 전날인 1859년 11월 23일에 다윈에게 애정 어린 충고를 보낸다. "당신은 '자연은 도약하지 않는다[Natura] non facit saltum'는 말에 지나치게 사로잡혀 괜한 어려움에 처해 있구려." 실제로 다윈은 화석상의 기록이 자신의 예상보다 훨씬 더 심하게 불연속적으로 보인다는 것 때문에 곤경에 처해 있었다. 그는 결국 다음과 같은 궁여지책을 내놓는다.

> 지질학적 기록은 불완전하다. 그리고 이 사실은 (……) 지층에서 무한한 변이를 찾아낼 수 없는 이유를 상당 부분 해명해 줄 것이다.
>
> 《종의 기원》

미국 하버드 대학의 고생물학자 스티븐 제이 굴드와 미국 자연사박물관의 고생물학자 엘드리지 Niles Eldredge, 1943~ 는 다윈이 사망한 지 100년이 지난 1972년에 일견 대담해 보이는 가설을 제시했다. 이 가설은 흔히 '단속평형설 punctuated equilibrium theory'이라고 불리는데 화석 기록이 불연속적으로 보이는 이유가 그것의 불완전함 때문이기보다는 실제로 불연속적인 변화들, 다시 말해 격변들이 과거에 빈번히 발생했기 때문이라는 것이다. 그들은 고생물학자들의 100년간 노력이 헛된 것이 아니라고 한다면 다윈의 미봉책이 변명에 불과한 것이라고 말한다.

단속평형설은 다음의 두 부분으로 이루어져 있다. 첫째, 진화적 변화의 중요한 부분은 지질학적으로 짧은 기간 동안 급속하게 폭발적으로 일어난다. 둘째, 단속적인 폭발 이후에는 상대적인 긴 안정상태 stasis가 존재한다. 그들은 그런 이질적 변화가 어떤 메커니즘에 의해 일어나는지 연구하면서 몇 가지 흥미로운

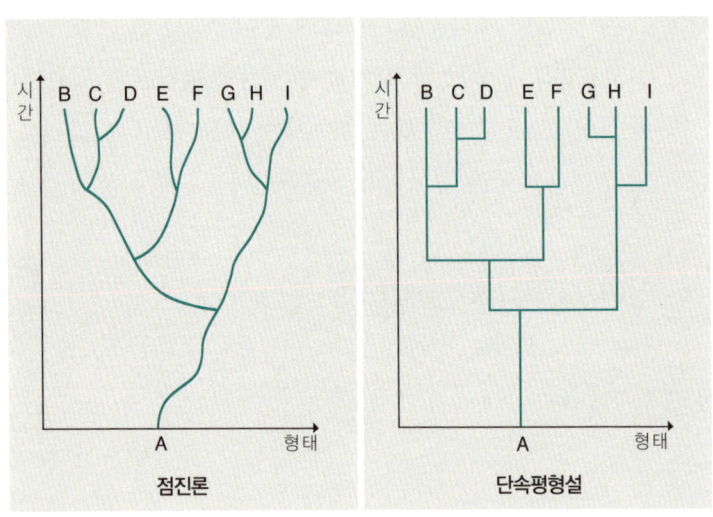

점진론과 단속평형설 | 가로축은 형태를 세로축은 시간을 나타낸다. 점진론은 형태의 변화가 시간이 지남에 따라 점진적으로 일어난다고 주장하는 데 비해, 단속평형설은 긴 정체기와 갑작스런 변화가 반복된다고 주장한다.

아이디어를 내기도 했다. 단속평형설과 다윈의 점진론이 어떻게 다른지는 앞의 그림을 보면 쉽게 이해된다.

 그렇다면 이 단속평형설이 과연 진화론 논의에서 얼마나 중요한 것일까? 그 가치를 따지기 전에 한 가지 분명히 할 것은 그 가설이 진화생물학자들보다는 오히려 대중들에게 훨씬 더 많은 인기를 끌어왔다는 점이다. 어쩌면 그럴 만한 이유는 충분했는지도 모른다. 중간 단계 화석이 잘 발견되지 않는다는 점에 기대어 다윈 진화론을 어떻게든 끌어내리고자 했던 사람들에게 그 가설은 천군만마나 다름없었기 때문이다. 과학 논쟁에 예민한 매스컴에서는 그 가설이 마치 다윈의 진화론을 대체할 것처럼 부풀리기도 했으며, 진화론의 맹위로부터 기독교를 구원하고자 했던 사람들은 그 가설을 반석으로 삼아 다윈의 진화론에 사망 선고를 내렸다. 심지어 그 가설이 '하느님이 그 종류대로 창조하셨다'는 〈창세기〉의 내용에 딱 들어맞는다고 주장하는 이들도 있을 정도였다. 다윈의 점진론은 굴드의 막강한 영향력 아래 있는 미국 대중들과 고생물학(굴드의 전문 분야)자들에게만은 웬지 소박하고 촌스러우며 구시대적인 것인 양 취급되어가고 있었다.

그렇다면 굴드의 공언처럼 정말로 '새롭고 일반적인 진화 이론이 떠오르고' 있었던 것일까? 도킨스는 창조론과 잘못된 진화 가설들을 논박하기 위해서 쓴 《눈먼 시계공》에서 이런 분위기에 찬물을 끼얹었다. '너희가 다윈의 점진론을 아느냐?'며.

도킨스는 이 책의 9장 '구멍 난 단속평형설'을 엉뚱하게도 가상의 역사학자 이야기로 시작한다. 구약성서의 〈출애굽기〉에 의하면 이스라엘 사람들이 광야를 가로질러 약속의 땅인 가나안으로 들어가기까지 무려 40년이나 걸렸다. 그는 이런 역사적 사실에 대해 두 유형의 해석만 유효하다고 상상해보자고 제안한다. 약속의 땅까지의 직선 거리는 대략 320킬로미터 정도니까 하루 평균 이동 거리는 약 22미터인 셈이고 평균적으로 시간당 1미터를 채 못 간 꼴이다. 밤에는 이동을 멈췄을 테니까 결국 평균 이동 속력은 2.7미터 정도일 것이다. 이런 해석을 받아들이는 이들은 이스라엘인들이 하루에 22미터씩 여행했다는 사실, 즉 아침마다 텐트를 걷고 동북동 방향으로 22미터씩 기어가듯 이동한 다음 다시 캠프를 설치했다는 사실을 문자 그대로 믿고 있다.

반면 다른 해석을 받아들이는 사람들은, 실제로 이스라엘 사람들은 한 장소에 머물면서 수년간 캠프 생활을 하다가 비교적

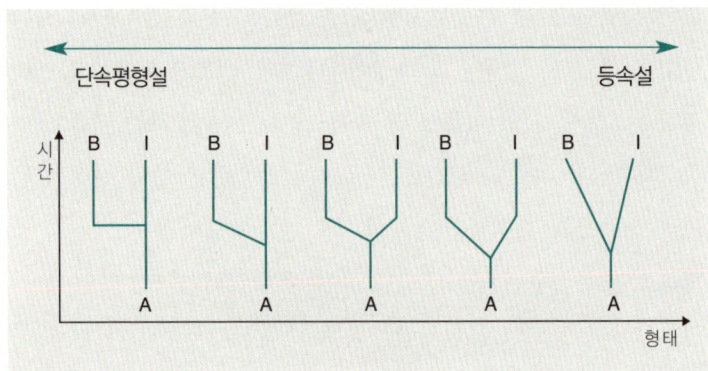

점진론의 연속체 모델 | 진화 속도를 설명하는 다윈의 점진론은 폭이 매우 넓은 개념이다. 때문에 느린 등속 템포부터 급격한 단속평형 템포까지를 모두 포함한다.

빠른 속도로 새로운 캠프지로 이동해서 다시 그곳에서 수년을 머무르는 식으로 이동했다고 주장한다. 즉, 약속의 땅을 향한 이스라엘인들의 이동은 결코 점진적이거나 연속적이지 않았으며 오히려 불규칙하고 변덕스러웠다는 해석이다.

어떤 해석이 더 그럴듯한가? 상식이 있는 사람이라면 주저 없이 두 번째 해석에 손을 들어줄 것이다. 도킨스는 굴드와 엘드리지가 두 번째 해석의 선봉에 서 있는 사람이라고 말한다. 그렇다면, 이 대목에서 드디어 굴드의 숙적 도킨스가 굴드에게 굴복하고 마는 걸까? 물론, 그럴 리 없다. 도킨스는 지금 굴드가 자신의 단속평형설을 부각시키려고 짜놓은 판 자체에 문제가 있음을 지적하려는 것이다. 즉, 굴드가 진화의 속도에 대한 입장을 '등속설 same speedism', 즉 출애굽에 대한 첫 번째 부류의 해석과 두 번째 해석인 '단속평형설'로 이분해놓고 양자택일을 강요하고 있다는 것이다. 도킨스는 한 걸음 더 나아가 다윈이 결코 '등속설'

을 주장하지 않았으며 가상 극단적인 점진주의자들도 '등속설'을 말하고 있진 않다고 논박했다.

도킨스가 정말로 하고 싶은 이야기는 따로 있다. 그것은 다윈의 점진론은 폭이 매우 넓어서 느린 등속 템포로부터 굴드식의 단속평형 템포까지를 모두 포괄한다는 주장인 것이다. '그러니 굴드 선생, 제발 좀 자신이 마치 혁명가라도 된 듯이 떠벌리지 마시구려'라고 도킨스는 말하고 있는 것이다.

그렇다면 다윈이 머릿속에 그렸던 진화의 '본디 빠르기'로 되돌아가보자. 다윈이 한때 지질학적 기록의 불완전성을 들며 자신의 점진론을 궁색하게 방어하기도 했지만, 어떤 대목에서는 마치 굴드의 단속평형설을 염두에 두고 있는 듯한 말들도 했다. 실제로 다윈의 《종의 기원》 4판부터는 '많은 종들이 일단 형성된 다음에는 결코 변화하지 않는다. 종이 변화하는 기간은 연수로 측정하기에는 무척 긴 기간이지만, 그 종이 같은 형태를 유지하고 있던 기간에 비하면 틀림없이 짧을 것이다'라는 진술이 슬그머니 삽입되어 있다. 즉, 종분화 사건의 속도와 종분화 사건들 사이에서의 진화 속도가 다를 수 있다는 것이다. 이렇게 다윈은 진화가 상당히 다양한 속도로 진행될 가능성을 열어놓았다.

만남 5

다윈의 후예들

우리는 유전자의 생존 기계다. - 도킨스, 《이기적 유전자》(1976)
진화는 진보가 아니다. - - 굴드, 《풀하우스》(1996)

선거철이 다가오면 점점 더 누구누구 계파系派라는 표현이 매스컴에 자주 등장한다. 정치인은 세력이 있어야 성공할 수 있고, 독불장군은 정치인이 돼도 실패하기 쉽다. 과학도 유사하다. 다윈의 경우, 생전에도 주변에서 그를 추종하는 세력들이 적지 않았지만, 1882년 웨스트민스터 사원의 뉴턴 옆에 안장된 이후에도 많은 후예들이 그의 발자취를 따랐다.

다윈의 친구들 헉슬리, 스펜서, 마르크스, 프로이트

다윈의 친구들 중에서 대표적인 인물로는 토머스 헉슬리와 허버트 스펜서가 있다. 헉슬리는 다윈의 불독이라 불릴 만큼 한평생 다윈의 사상을 옹호한 논쟁가였다. 그의 논쟁 중에서 당대 최고의 해부학자였던 오언Richard Owen, 1804~1892과의 뇌 비교 논쟁(인간의 뇌와 고릴라의 뇌를 비교)과 옥스퍼드의 주교 윌버포스Samuel Wilberforce, 1805~1873와의 원숭이 논쟁은 꽤나 유명하다.

빅토리아시대의 영국 사회에서 원숭이와 인간이 공통 조상에서 갈라져 나온 사촌지간이라는 생각은 매우 거북살스러운 것이었다. 윌버포스와 헉슬리는 1860년, 인간의 지위를 두고 한판 대결을 펼쳤었다. 윌버포스는 연설 도중 헉슬리를 바라보며 "당신이 원숭이의 자손이라고 주장한다면 그 조상은 할아버지 쪽에서 왔는가 아니면 할머니 쪽에서 왔는가?"라고 물었다. 이에 헉슬리는 "중요한 과학 토론을 단지 웃음거리로 만드는 데 자신의 재능을 사용하려는 그런 인간보다는 차라리 원숭이를 할아버지로 삼겠다"라고 되받아쳤다.

인류가 동물 세계의 자손이라는 다윈의 관점에 대한 사람들의 대체적인 반응은 다음과 같은 말 속에 잘 표현되어 있다. "세상에, 인간이 원숭이

다윈을 풍자한 그림 | 인간이 원숭이와 사촌 간이라는 다윈의 생각은 영국 빅토리아시대의 사람들에게 매우 불쾌한 것이었다.

의 자손이라니! 이것이 사실일 리가 없어. 만일 사실이라면 널리 알려져서는 안 돼."

또한 《자연에서의 인간의 위치 Man's Place in Nature》(1863)에서 헉슬리는 긴팔원숭이, 오랑우탄, 침팬지, 고릴라, 그리고 인간의 골격이 매우 유사하다는 사실을 해부학적 관점에서 보여줘 다윈의 사상을 더욱 힘 있게 만들었다.

헉슬리가 다윈의 대변인 노릇을 했다고 해서 그를 맹목적으로 추종한 것은 아니다. 놀랍게도 다윈의 불독 헉슬리는 다윈의 점진론을 받아들이지 않았다. 심지어 자연선택 메커니즘 자체보다도 다윈의 유물론적 과학관 자체에 더 큰 관심이 있었던 것 같다.

토머스 헉슬리의 가계는 20세기에 넘어오면서도 다윈과 깊은 연관을 맺었다. 토머스 헉슬리의 손자인 줄리언 헉슬리 Julian S. Huxley, 1887~1975는 1940년대에 신다윈주의가 형성되는 데 매우 중요한 공헌을 한 생물학자이자 정책가(유네스코의 창립자)였으며 줄리언의 동생인 올더스 헉슬리 Aldous L. Huxley, 1894~1963는 《멋진 신세계 Brave New World》(1932) 등 탁월한 작품을 남긴 작가였다.

다윈의 또 다른 친구인 스펜서는 다윈의 사상을 철학적으로 응용해보려 했던 당대 최고의 지식인이었다. 앞서 언급했듯이 '적자생존'은 그가 만든 말이며, 심지어 다윈으로 하여금 '진화'라는 용어를 사용하도록 만든 사람이기도 했다. 하지만 그는 생물학 이론 자체보다는 그 이론을 사회개혁에 어떻게 활용할 수 있을지에 관심이 더 컸다. 그는 개체들의 생존 경쟁을 통해 생명이 진화하듯 개인의 경쟁을 통해 사회가 진보한다고 믿었다. 따라서 개인의 자율적 경쟁이 집단의 타율적 규율보다 우선한다고 주장했다. 이런 자유주의 사상은 곧바로 '사회다윈주의'라는 명칭으로 정착된다.

그렇다면 스펜서의 사상에 '다윈주의'라는 용어가 붙은 이유는 무엇일까? 더군다나 스펜서는 라마르크의 획득형질의 유전을 아무 문제 없이 받아들인 사람이었다. 게다가 사회다윈주의는 20세기 초반에 우생학 Eugenics 으로 응용되어 인종주의와 제국주의를 뒷받침하는 지적인 근거로 작용하기도 했으니, 오히려 '사회스펜서주의'라고 해야 책임 소재가 분명해지는 것이 아닐까? 아마 이런 일이 20세기 후반에 벌어졌다면 어쩌면 다윈은 스펜서를 저작권법 위반 혹은 이름 도용죄로 고발했을지도 모른다.

하지만 '사회다윈주의'는 그렇게 부적절한 용어가 아니다. 우선, 자연선택론을 창시한 다윈 자신도 획득형질의 유전 이론을 완전히 버리지는 못했다. 또한 스펜서는 생명 현상에만 제한적으로 적용된다고 여겨지던 다윈의 진화론을 사회와 우주 전체로까지 확장 적용했다. 다윈의 이론을 사회 변동에 적용해본 것이니 '사회다윈주의'란 용어도 틀린 것은 아니다.

헉슬리와 스펜서가 다윈과 직접적인 교분을 맺었던 친구들이라면, 《자본론 Das Kapital》의 마르크스 Karl Marx, 1818~1883 와 《정신분석학 강의》의 프로이트 Sigmund Freud, 1856~1939 같은 사람도 있었다. 그들은 다윈의 사상에

> **우생학**
>
> 유전학적인 방법으로 인간을 개선시키고자 연구하는 학문. 미국에서는 1926년 설립된 미국우생학회가 '상류계급이 우월한 유전적 재능을 가지고 있기 때문에 부와 사회적 지위를 갖게 되는 것'이라고 주장했고, 이탈리아, 그리스, 동유럽 국가들을 '열등한 종족으로 이루어진 국가'로 규정해 그 나라로부터의 이민을 제한할 것과 미국 내 정신병자나 저능아, 간질병 환자 등을 불임시킬 것을 주장한 바 있다.

깊은 인상을 받은 타 분야의 지식인이다. 다윈보다 9살 연하인 마르크스는 다윈의 유물론적 세계관을 쌍수를 들어 환영하면서 인류의 역사에 대한 자신의 이론이 종국에는 생물의 진화에 대한 다윈의 이론과 동일한 운명에 처할 것이라고 믿었다. 마르크스가 다윈의 연구 방식과 이론, 그리고 그 함의에 깊은 인상을 받은 것은 사실이다. 하지만 자연선택론이 빅토리아시대의 자본주의 모습을 반영한 것 같다고 의심하기도 했다. 흔히 마르크스가 《자본론》을 다윈에게 헌정했다고 전해지지만 최근 과학사학자들에 따르면 이는 사실이 아니다. 다윈과 마르크스의 공통점을 굳이 뽑아 보자면 다윈의 생존투쟁 개념과 마르크스의 계급 투쟁 개념이 유사하다는 것일 텐데, 후자는 변증법 철학에서 나온 것이라서 동일하다고 말할 수는 없을 것이다. 반면 프로이트와 다윈은 더 많은 공통점이 있어 보인다. 인류의 지성사에서 이 둘만큼 인간의 정신과 행동을 깊이 연구한 지식인도 없을 것이다. 또한 성#적 행동은 그들의 공통 관심사였다. 하지만 프로이트가 제시한 오이디푸스 콤플렉스 이론과 다윈의 성선택 이론이 서로 잘 들어맞는가에 대해서는 이견이 있다. 그리고 실제로 프로이트가 다윈의 진화론에 얼마나 깊은 이해가 있었는지도 불분명하다. 어쨌든 인간의 정신과 행동을 동물의 본능 차원으로 끌어내리되 인간만의 독특한 특성들을 경험적으로 탐구했다는 측면에서 이 둘은 인간 본성에 대한 이해를 격상시킨 지식인임에 틀림없다.

이제 20세기의 지성사를 빛낸 다윈의 후예들을 만나보자.

다윈의 퍼즐을 가장 빨리 푼 천재 윌리엄 해밀턴

윌리엄 해밀턴

영국의 시인 테니슨 Alfred Tennyson, 1809~1892이 읊었듯이 자연은 '피범벅이 된 이빨과 발톱 red in tooth and claw'들로 가득하다. 하지만 이러한 경쟁 또는 갈등의 빈도만큼은 아닐지라도, 동물들의 협동 행동도 자연계에 꽤나 널리 퍼져 있는 현상이다. 생명은 어떻게 배신의 유혹을 뿌리치고 이타적 행동을 하게 되었을까? 이 문제는 다윈 자신을 곤혹스럽게 했던 난제였을 뿐만 아니라 그 이후로 한 세기 동안이나 풀리지 않는 퍼즐로 남아 있었다.

도킨스의 《이기적 유전자》는 바로 이런 수수께끼를 풀기 위해 쓰인 책이다. 그는 1960년대까지의 집단선택 이론을 강하게 비판하면서 자연선택이 집단과 개체보다는 오히려 유전자의 수준에서 작용하며 동물의 협동 행동들은 유전자가 자신의 복사본을 더 많이 퍼뜨리기 위한 전략으로 진화해왔다고 주장했다. 그에 따르면 동물의 수많은 이타적 행동들은 무늬만 이타적이며, 유전자의 시각으로 보면 오히려 이기적일 뿐이라는 것이다. 언뜻 생각해보면 엉뚱한 발상처럼 보이지만 이는 자연을 개체나 집단의 관점에서가 아니라 가장 아래 단계인 유전자의 시각에서 보기 시작한 획기적 전환이었다. 유전자의 눈높이에서 보면 그의 말대로 인간은 유전자의 생존 기계이며 운반자다. 주체가 인간 개체에서 유전자로 바뀐 것이다. 일종의 코페르니쿠스적 발상이었다. 어떻게 이런 발상의 전환이 가능했는가?

엄밀히 말해 도킨스는 유전자의 관점에서 자연·인간·사회를 본다는 것이 무엇인지를 알기 쉽게 전달해준 해설가였지 혁명적 발상의 최초 진원지는 아니었다. 그런 공로는 다윈 이후 가장 뛰어난 이론생물학자라고 평가받던 영국의 진화생물학자 해밀턴 William D. Hamilton, 1936~2000에게로 돌아가야 마땅하다. 1960년대 당시 영국 런던 정경대학의 박사 과정에 있으면서 이타성의 진화 문제에 골몰해 있던 해밀턴은 《이론생물학회지 Journal of Theoretical Biology》에 두 편의 시리즈 논문 〈사회적 행동의 유전적 진화, I-II The Genetical Evolution of Social Behaviour, I-II〉(1964)를 실었다. 이 논문들에서 그는 이른바 '포괄적응도 이론 inclusive fitness theory' 혹은 '친족선택 이론 kin selection theory'을 제시함으로써 이타적 행동의 진화를 수학적으로 정식화하는 데 처음으로 성공했다. 이 두 편의 논문으로 인해 수수께끼와도 같았던 이타적 행동의 진화 메커니즘이 규명되기에 이른다. 다윈의 자연선택 이론이 나온 지 무려 100년도 더 지난 후의 일이었다. 해밀턴의 모형은 동물의 이타적 행동(특히, 개미와 벌과 같은 사회성 곤충의 행동)을 잘 설명해줄 뿐만 아니라 직관적으로도 쉽게 이해될 수 있기 때문에 진화생물학 분야에서 가장 탁월하고 우아한 이론으로 통한다. 이 모형을 통해, 한 유전자가 그 유전자를 직접 가지

> **포괄적응도 이론(친족선택 이론)**
> 개체는 자신이 직접 번식하지 않는 대신 형제, 자매, 조카 등과 같은 친족들이 생존하고 번식하도록 도움으로써 자신의 유전자를 후세에 효과적으로 전달할 수 있다. 해밀턴 이전에는 적응도를 계산할 때 이런 친족효과를 고려하지 않았다. 이처럼 친족을 통해 전달되는 유전자까지 고려해야 한다는 견해가 포괄적응도 이론이다.

고 있는 개체에게뿐만 아니라 계통적으로 동일한 유전자를 공유하고 있는 다른 개체(즉, 친척)에게 미치는 효과를 함께 고려함으로써 동물의 이타적 행동을 설명하게 된다.

이 모형에 의하면 협동을 유발하는 유전자는 이른바 '해밀턴의 규칙Hamilton's rule'이라 불리는 다음과 같은 부등식을 만족시킬 때 진화한다. 사실 해밀턴의 원래 논문에서는 이 규칙이 상당히 복잡한 수학식들로 기술되어 있어서 이해하기가 매우 까다롭게 되어 있지만 가장 간단히 표현해보면 결국 다음과 같다.

$$r \times b - c > 0$$

    r = 자신과 상대방의 유전 근연도
        (두 개체가 공통 조상을 공유할 확률)
    b = 상대방을 도와줌으로써 자신이 받는 이득
    c = 상대방을 도와줌으로써 자신이 입는 손해

이해를 돕기 위해 예를 들어보자. 만일 두 개체(톰과 제리)가 있는데 톰이 제리를 도와줌으로써 손해 c를 입었고 반대로 제리는 그로 인해 이득 b를 보았다고 해보자. 여기서 r 값은 톰의 유전자를 제리도 가질 확률로서 흔히 '유전 근연도'라 불린다. 예컨대 둘 간의 관계가 형제·자매인 경우에는 0.5, 친부모 자식 간에도 0.5, 조카인 경우에는 0.25, 사촌인 경우에는 0.125이다. 이런 상황에서 톰으로 하여금 그런 협동 행동을 하게 만든 유전자가 개체군 내로 퍼지려면 'r×b - c > 0'이라는 조건이 만족되어야 한다. 이게 바로 '해밀턴의 규칙'이 뜻하는 바다. 이 규칙에 따르면 협동 행동은 비친족보다는 친족들 사이에서 일어나기가

더 쉽다.

 가령 물에 빠진 친척의 생명을 구하기 위해 죽음을 무릅쓰게 만드는 유전자가 존재한다고 해보자. 1명의 친척을 위해 물에 뛰어들어 죽는다면 이타적 행동을 일으킨 그 유전자는 그 행동으로 인해 소멸되고 말 것이다. 하지만 두 명 이상의 형제(또는 자매), 4명 이상의 조카, 8명 이상의 사촌들의 목숨을 구할 수 있다면 어떻게 될까? 해밀턴의 규칙은 만일 그런 일이 벌어진다면 그 유전자가 개체군 내로 확산될 것을 예측한다. 바로 이 점이 개체나 집단의 수준에서 이타적 행동을 설명하려는 사람들이 간과한 부분이다. 개체는 유전자가 자신의 복제본을 더 많이 퍼뜨리기 위해 고안해낸 하나의 장치에 불과하다. 이런 맥락에서 도킨스는 《이기적 유전자》에서 인간은 '유전자의 생존 기계'라고 말한다. 홀데인이 언젠가 선술집에서 "나는 2명의 형제나 8명의 사촌의 생명을 위해 목숨을 던질 준비가 되어 있다"고 말한 이야기도 같은 맥락에서 이해할 수 있다.

하지만 해밀턴이 난해한 수식들을 사용해 친족선택 모형을 도출했기 때문에 당시 연구자들 사이에서 그 중요성이 금방 부각되지는 못했다. 그들은 무명의 한 대학원생이 다윈의 난제를 풀었으리라고는 기대하지 않았을 것이다. 그런데 흥미롭게도 해밀턴의 1964년 기념비적 논문을 학계에 소개한 사람은 다름 아닌 하버드 대학의 촉망받던 젊은 곤충학자 윌슨$^{Edward\ O.\ Wilson,\ 1929~}$ 교수였다. 물론 이 사람은 사회생물학^{sociobiology}의 창시자다. 윌슨의 자서전 《자연주의자^{Naturalist}》(1994)를 보면 윌슨이 1965년 봄, 기차 여행 중에 해밀턴의 논문을 읽고 충격과 감동에 빠진 이야기가 실감나게 묘사되어 있다. 윌슨은 해밀턴의 친족선택 이론에 기초해 후에 사회생물학이라는 하나의 분야를 창시하기에 이른다.

1970년대로 넘어오면서 해밀턴의 친족 선택 이론('혈연 선택 이론'이라고도 불림)은 진화생물학에서 가장 중요한 중심 이론으로 자리잡았다. 진화학자들은 이 친족 선택 이론을 바탕으로 다른 이론들까지 발전시켜 인간을 포함한 동물들의 이타적 행동을 설명하기 시작했다. 또한 그런 이론들을 뒷받침해주는 경험적 증거들도 계속해서 증가했다. 그 이론들 중에서 호혜성에 의한 협동 행동의 진화 모형은 경제학 이론 분야에서 진화 게임 이론 evolutionary game theory을 발전시키는 데도 큰 공헌을 했다.

한편 그는 포괄적응도 이론 외에도 성^{sex}의 진화에 대해 기생자와의 진화 경쟁을 하기 위해 숙주가 두 성을 갖게 되었다는 이론을 제시했으며 다윈의 성선택 이론을 발전시켰다.

해밀턴은 이런 공로를 인정받아 1993년에 스웨덴 왕립학회로부터 노벨생물학상이라 불리기도 하는 크라포르드상$^{Crafoord\ Prize}$을 수여받았으며 같은 해 높은 권위를 자랑하는 교토상$^{Kyoto\ Prize}$도 수상했다. 하지만 2000년 늦봄, 그는 HIV(에이즈를 일으키는 바이러스)의 기원에 관한 새로운 이론을 입증하기 위해 콩고의 정글로 들어갔다가 말라리아에 걸려 그만 유명을 달리하고 말았다. 그의 죽음을 애도하며 그를 칭송했던 어떤 학자의 말대로 '해밀턴은 만일 다윈이 살아 있었더라면 가장 많은 대화를 나눴을 사람'이었다. 그만큼 해밀턴은 다윈의 이론을 현대적으로 계승·발전시킨 다윈 이후 최고의 진화생물학자였다. 또한 수많은 수식의 세계와 아마존 정글을 자유자재로 넘나들 수 있었던 몇 안 되는 생물학자 중 한 명이었다. 아프리카의 자연은 이런 그의 재능과 열정을 시기했던 것일까?

유전자의 눈높이에서 리처드 도킨스

2005년 영국의 《프로스펙트^{Prospect}》라는 잡지에서 세계를 이끄는 대중적 지식인 100인을 뽑는 투표를 실시한 적이 있다. 1위는 미

리처드 도킨스

국 MIT의 언어학자이며 정치평론가인 촘스키$^{Noam\ Chomsky,\ 1928~}$였고, 2위에는 《장미의 이름$^{Il\ nome\ della\ rosa}$》(1980)으로 우리에게도 잘 알려진 이탈리아 지식인 에코$^{Umberto\ Eco,\ 1932~}$가 올랐다. 여기까지는 고개가 끄덕여진다. 그런데 3위는 다소 의외였다. 주인공은 영국 옥스퍼드 대학의 동물행동학자이자 과학대중화의 선봉장인 도킨스였다. 생물학자인 그를 세계 최고 지식인의 반열에 오르게 한 이유는 무엇일까?

1976년에 출간된 《이기적 유전자》가 가장 큰 이유일 것이다. 이 책은 학자들도 끊임없이 참조하는 책이기도 하지만, 그 도발적 사상 때문에 비과학도들에게도 인기 있는 과학교양서다. 도킨스의 이기적 유전자 이론은 이타적 행동의 진화만을 설명하기 위해 고안된 개념적 장치에 머무르지 않는다. 그는 공격 행동, 양육 행동, 부모 자식 간 갈등, 그리고 이성 간 대립을 비롯한 동물의 다양한 사회 행동들에 대한 하나의 포괄적 설명 체계로서 그 이론을 활용하고 있다. 따라서 그의 이론을 제대로 이해하기 위해서는 적어도 두 가지 항목에 대한 정확한 이해가 선행되어야 한다. 하나는 '유전자'가 도대체 무엇인가 하는 것이고, 다른 하나는 그 유전자가 '이기적'이라는 말이 도대체 무슨 뜻인가 하는 것이다.

도킨스에게 이 두 문제는 밀접히 연관되어 있다. 그는 '다음 세대에 다른 DNA 서열로 대체될 수 있는 DNA 단편'을 유전자라고 부른다. 예컨대 그는 유전자를 정의하는 대목에서 "염색체상에 임의로 어떤 DNA 단편(시작과 끝점을 가진)이 선택된다면 그 DNA 단편은 동일한 좌위의 대립유전자들과 경쟁하는 것으로 간주될 수 있다"고 말한다. 그는 그런 DNA 단편을 '능동적 복제자'라고 불렀다. 여기서 어떤 서열이 능동적 복제자가 된다는 것은 그것이 다음 세대에 더 많은 자신의 복제본을 남기기 위해 다른 서열들과 서로 경쟁한다는 의미다. 이런 맥락에서 유전자가 '이기적'이라는 말은 유전자의 일차적인 일이 자기 자신의 복사본을 남기는 일이라는 뜻이다. 일부 비판자들의 주장처럼 유전자가 어떤 의식이나 의도를 갖고 그런 일을 한다는 뜻은 절대로 아니다.

도킨스의 이런 유전자 개념을 받아들이면 유전자는 일종의 '차이'를 만드는 원인이 된다. 예를 들어 어떤 대립 유전자를 갖고 있음으로 인해 표준적 환경에서 푸른색 눈보다는 갈색 눈이 나올 개연성이 더 높아진다면 그 대립 유전자는 '갈색 눈을 위한 대립 유전자'로 불릴 수 있다. 이것이 차이를 만드는 원인으로서의 유전자라는 개념이다. 도킨스는 유전자가 만드는 이런 차이 때문에 자연선택으로 인해 궁극적으로 영향을 받는 대상이 유전자일 수밖에 없다고 주장한다. 도킨스는 이런 개념을 염두에 두고 그의 저서 《확장된 표현형 The Extended Phenotype》(1982)에서 심지어 '독서 유전자 gene for reading'도 존재할 수 있다고 말한다. 물론 개체로 하여금 읽게 만드는 유전자는 없다. 그러나 만일 인간 염색체의 어떤 위치에서 유전자의 교체가 일어나서 그 개체의 읽기 능력이 그렇지 않은 개체에 비해 더 뛰어나게 되었다면, 그 유전자는 독서에 대해 표현형 phenotype 적 능력을 지니고 있는 셈이다.

도킨스에게 이기적 유전자는 '불멸의 코일$^{\text{immortal coils}}$'이다. 자연선택을 통해서 궁극적으로 남는 것은 유전자뿐이기 때문이다. 개체나 집단은 유전자에 비하면 구름과 같은 존재에 불과하다. 그 실체가 지속될 수 없는 한시적 존재라는 뜻이다. 그는 유전자는 복제의 단위이면서 동시에 진정한 선택의 단위라고 주장한다. 그리고 개체나 집단은 기껏해야 그 유전자를 운반하는 '운반자'에 불과하다고 말한다. 혹자는 이 대목에서 이기적 유전자 이론이 유전자 결정론에 빠져 있다고 비판할지 모르겠다. 하지만 그는 유전자의 표현 효과가 어느 정도의 일관성을 지녀야 한다고 주장할 뿐이지 그 이상은 아니다. 도킨스는 그 어디에서도 특정 유전자(또는 유전자들)가 특정한 표현형을 결정한다고 말하지 않았다.

《이기적 유전자》는 유전자의 눈높이에서 바라보는 세상이 과연 어떤 모습인지 체계적 방식을 사용해 최초로 보여준 고전이다. 이 책 대부분이 인간을 제외한 동물들에 관한 이야기이기 때문에 도킨스가 정작 인간에 대해서는 별다른 논의를 하지 못했다고 느낄 수도 있다. 도킨스의 '모방자^{meme}' 개념은 그런 인간의 특이성을 설명하기 위해 제안한 새로운 개념이다.

'인간은 유전자의 생존 기계 혹은 운반자일 뿐'이라는 주장으로 우리를 당혹스럽게 했던 도킨스가 곧바로 '확장된 표현형'이라는 개념을 들고 나와 우리를 또 한 번 고민에 빠뜨린다. 유전자가 그 자신의 복제본을 더 많이 퍼뜨리기 위해 개체(운반자)를 고안했다는 주장도 혁명적 발상인데, 그는 한발 더 나아가 그 유전자가 자신의 목적을 위해 '다른' 개체들마저도 자신의 운반자로 만들어버릴 수 있다고 주장한다. 너무 지나친 주장 아닌가? 그러나 놀랍게도 이 확장된 표현형의 사례들은 적지 않다. 그중에는 기상천외한 것들도 있다. 숙주인 게에 딱 달라붙어서 자기 자신을 단세포 상태로 변형시킨 다음 그 게 속에 잠입하는 조개삿갓의 경우를 보자. 기생자인 조개삿갓은 숙주인 게 속으로 잠입한 후에는 (만약 그 게가 수컷이라면) 게를 생화학적으로 거세하고 암컷화한 다음 기생자인 자신의 알을 돌보는 존재가 되도록 만들어버린다. 기생자가 자신의 유전자를 더 많이 퍼뜨리기 위해 숙주에게까지 마수를 뻗치고 있는 광경이다.

이보다는 덜 극적이긴 하지만 친숙한 사례들도 있다. 가령 날도래 유충은 개울의 하류에서 잡다한 잔해들로 보금자리를 만들어 자신을 보호한다. 이는 마치 대합조개의 내용물이 그 조개의 껍질에 의해 보호받는 것과 같다. 단지 그 보금자리가 날도래의 몸의 일부가 아니라는 점에서 다를 뿐이다. 날도래 유충의 집은 이런 의미에서 확장된 표현형이다. 또한 비버는 강 속에서 안전하게 이동하려고 주위의 나무를 잘라 댐을 만드는데 도킨스는 이 비버의 댐도 확장된 표현형이라고 말한다. 이런 맥락에서 거미줄, 흰개미집, 새의 둥지와 같이 동물들이 만들어낸 인공물들은 모두 자신의 유전자를 더 효율적으로 퍼뜨리기 위한 확장된 표현형이다.

사실 우리는 개체가 집단을 위해 존재한다는 집단주의에도 거부감을 느끼지만 개체가 유전자의 통제를 받는다는 생각에도 불편하기는 마찬가지다. 문명을 만든 건 집단도 유전자도 아닌 우리 자신, 즉 개체라고 믿는다. 하지만 도킨스의 논리를 인간에까지 적용해보면 우리의 문화와 문명도 결국 유전자의 확장된 표현형일 수 있다. 댐이 비버 유전자의 확장된 표현형이듯 말이다.

글쎄, 진화는 진보가 아니라니까! 스티븐 제이 굴드

스티븐 제이 굴드

탁월한 지성의 소유자요, 과학 커뮤니케이션의 달인이라고 한다면 모두들 《코스모스》의 세이건 Carl E. Sagan, 1934-1996을 떠올릴 것이다. 하버드 대학의 고생물학자 스티븐 제이 굴드는 말하자면 생물학계의 세이건이다. 달팽이 화석 연구로 학자의 인생을 시작한 그는 발생과 진화의 관계를 탐구한 《개체발생과 계통발생 Ontogeny and Phylogeny》(1977)이라는 전공서에서 출발하여 1천 쪽에 달하는 대작 《진화론의 구조 The Structure of Evolutionary Theory》(2002)를 끝으로 2002년 61세의 나이로 생을 마감했다. 이 두 전문서 사이에 출간된 20권의 저서는 크게 보면 전부 대중 과학서라 할 수 있다. 그는 《자연사 Natural History》라는 잡지에 무려 27년간(1974년 1월~2000년 12월) 거의 매월 고정 칼럼을 연재했는데, 그것들을 엮어 만든 책이 10권이나 된다.

굴드의 왕성한 생산력에 매료된 어떤 학자는 그의 모든 저작물에 대해 통계 분석을 해보기까지 했다. 총 22권의 저서, 101편의 서평, 497편의 과학 논문, 그리고 300편의 《자연사》 에세이. 이것이 지식인으로 살다간 굴드의 화려한 성적표다. 그의 글쓰기 스타일은 전방위적이다. 언어(특히 라틴어), 음악, 건축, 문학, 심지어 야구 통계까지, 그가 과학 커뮤니케이션을 위해 동원한 지식 자원에는 경계가 없다. 독자들은 그의 박식함과 화려한 필치에 넋을 잃곤 한다. '탁월한 해설가', '현란한 글쟁이'라는 그의 꼬리표에 이견은 없다. 하지만 '혁명적 이론가', '진화론의 대가'라는 묘비명을 달 것인지에 대해서는 평가가 극명하게 엇갈린다.

굴드는 생명의 진화에 대한 기존의 다윈주의 관점에 도전하는 듯한 몇 가지 견해들을 발전시켰다. 그는 묻는다. 진화는 정말로 점진적으로 일어나는가? 진화는 진보인가? 모든 것이 다 적응인가?

우선 그는 화석 기록의 불연속성을 대충 얼버무리며 진화의 점진적 변화를 강변하는 전통적 다윈주의에 반기를 들고, 진화가

갑작스럽게 일어날 수 있다는 사실을 담은 '단속평형설'을 제시했다. 한때 이 이론은 마치 다윈주의를 대체할 기세였다. 육상경기에 비유하면 이 이론은 진화가 100미터 달리기가 아니라 다양한 속도가 있는 멀리뛰기(도움닫기, 점프, 착지 등)와 같다는 발상이다. 이에 대해《눈먼 시계공》의 도킨스와《다윈의 위험한 생각》의 대니얼 데닛은 "허풍 좀 그만 떨라"고 한목소리로 비판했다.

굴드는 진화가 진보가 아니라는 점을 설득하기 위해 한평생을 헌신한 사람이기도 하다. 그는 《시간의 화살, 시간의 순환Time's Arrow, Time's Cycle》(1987),《생명, 그 경이로움에 대하여 Wonderful Life: The Burgess Shale and the Nature of History》(1989),《풀하우스》등에서 생명이 복잡성이 증가하는 방향으로 진화해가고 있다는 생각을 강력하게 비판하고, 생명의 역사에서 우발적 요인들이 얼마나 중요한지를 역설하고 있다. 그에 의하면, 복잡성이 증가하는 쪽으로 생명이

만약 공룡이 멸종하지 않았다면 생물의 진화는… 인간과는 다르게 생긴 종

40억 년 전   6,500만 년 전   현재

진화하고 있는 듯이 보이는 이유는 주가가 바닥을 치면 올라갈 수밖에 없는 이치와 똑같다. 즉, 박테리아처럼 가장 간단한 생명체로 시작한 생명의 진화는 시간이 흐를수록 점점 다양한 구조의 생명체들로 진화할 수밖에 없지만, 이를 진정한 진보라고 보기는 어렵다는 주장이다. 외계생물학자가 본다면 지구의 주인은 인간도 개미도 아닌 박테리아일 것이다. 40억 년의 역사에도 한결같이 양적으로 최고의 자리를 지킨 생명체이기 때문이다. 박테리아 만세!

한편 그는 생명의 진화가 우발성에 크게 의존한다고 주장한다. 예를 들어 6,500만 년 전에 소행성이 지구를 덮치지 않았더라면 당대를 호령하던 공룡은 멸종하지 않았을 것이고 그렇다면 포유류의 시대는 열리지 않았을 것이라는 주장이다. 이런 맥락에서 그는 '지구 역사의 테이프를 되감아 다시 틀어보면 인류와 같은 존재도 없었을 것이며, 전혀 다른 생물군이 나왔을 것'이라고 예견한다. 이런 견해는 진화의 분수령이라 할 수 있는 몇 가지 주요 전환들(가령 세포의 탄생)을 강조하는 주류 진화생물학자들과 생각이 다른 부분이다.

진화론 뒤에 숨겨진 이데올로기를 고발한다 리처드 르원틴

과학자들이 명성을 얻는 방법은 다양하다. 어떤 이들은 혁명적인 발견이나 이론을 통해 자신의 이름을 알린다. 자신의 분야에서 기초가 될 만한 중요한 업적을 남김으로써 존경받는 과학자

리처드 르원틴

들도 있다. 혹은 대학원생들이나 동료 연구자들에게 영감을 불어넣거나 연구 기회를 제공함으로써 과학자 사회에 공헌하는 이들도 있다. 충분히 예상하고도 남는 일이지만 이 모든 것을 갖춘 과학자는 극소수일 것이다. 만일 여기에다 과학에 관한 쟁점들, 예컨대 과학의 역사, 과학의 철학적 쟁점, 그리고 과학과 사회의 상호작용 등에 대해 중요한 통찰마저 제공하는 학자가 있다면 어떻겠는가? 그 학자는 어쩌면 모든 과학도들의 우상일는지도 모른다. 미국 하버드 대학의 진화유전학 교수인 르원틴이 바로 그런 인물이다.

르원틴은 1960~70년대에 '전기영동법electrophoresis'을 고안해 개체군 내에서 개체들 간의 유전 변이가 실제로 어느 정도인지를 인류 최초로 측정한 사람이다. 그는 전기가 흐른 입자들마다 그 화학적 구조 차이로 인해 전기장 안에서 서로 다른 속도로 이동한다는 사실에 착안해 전기영동법을 고안해냈다. 그리고 이 기법을 통해 각 초파리의 단백질이 얼마나 서로 다른지를 측정함으로써 초파리 간의 유전적 차이를 가늠했다. 지금은 분자생물학 기법들이 상당히 발전해 고등학생들도 훈련만 받으면 유전자의 염기 서열을 알아내는 것 정도는 할 수 있게 되었지만 30~40년 전만 해도 개체들이 유전자의 수준에서 어떻게 다른지를 알아낼 방도는 거의 없었다. 그는 전기영동법을 초파리뿐만 아니라 인간 집단에도 사용했고, 그 결과 인종 내의 유전적 변이가 인종 간 유전적 변이보다 더 크다는 놀라운 사실도 발견하게 된다. 이런 의미에서 르원틴은 집단유전학의 큰 진보를 일궈낸 탁월한 학자다. 1974년에 출간된 《진화적인 변화의 유전적 기초 The Genetic Basis of Evolutionary Change》(1974)는 이 분야에서 고전이 된 지 오래다.

학자로서 학문적 업적뿐 아니라 그는 지금까지 적어도 100명 이상의 대학원생과 박사 후 Post-Doctor 연구원들을 배출했을 정도로 후학에 관심을 기울인 몇 안 되는 대가였다.

하지만 르원틴의 진가는 이런 뛰어난 학문적 업적과 선생으로서의 탁월한 자질에서만 비롯된 것은 아니다. 그는 지난 30년 동안 생물학이 현대 사회 속에서 어떤 방향으로 가고 있으며 사회와 과학의 관계가 어떻게 서로 함께 진화해가고 있는지를 끊임없이 성찰하고 발언해온 비판적 지성인으로서 더 유명하다. 《우리 유전자 안에 없다 Not in Our Genes》(1984)와 《DNA 독트린 The Doctrine of DNA》(1991), 그리고 《3중 나선 The Triple Helix》(2000) 등의 저서 안에는 이러한 그의 면모가 압축적으로 녹아 있다.

이 저서들의 제목만으로도 짐작할 수 있듯이, 그는 인간과 사회의 현상들을 DNA로 환원해서 설명하려는 시도들에 대해 지난 30여 년 동안 강력하게 비판해왔다. 그의 메시지는 너무도 분명하고 노골적이어서 무책임한 학자들의 모호한 태도와 양비론을 비웃곤 했다. 라디오 강연에 바탕을 둔 《DNA 독트린》에선 DNA에 집착하는 현대 사회에 대해 따끔한 일침을 가했다. 이 책에서 르원틴이 말하고자 하는 메시지는 '현대 생물학은 유전자 환원주의에 빠져 있는데, 이 유전자 환원주의는 과학적으로도 틀리고 이데올로기적으로도 문제가 많다'라고 요약할 수 있을 것이다. 이런 주장은 르원틴의 다른 저작들에서도 계속 다뤄

지는 중심 테마이기도 하다.

그는 사회에서 과학으로 스며들어오는 이데올로기의 영향을 강조한다. 그에 따르면 다윈의 진화론은 개체들의 차별적 번식에 대한 이론으로서, 그 이론 내에서는 진화와 연관된 모든 현상들이 개별적인 원인 수준에서 이해되고 있다. 르원틴은 이런 이해의 틀이 복잡한 자연을 각 부분들로 분리해서 연구해야 한다고 믿는 기계론의 반영이라고 말한다. 게다가 그는 다윈의 자연선택론과 성선택론을 당시 영국의 상황과 결부시킨다. 그는 자연선택론이 당시 스코틀랜드 경제학자들에 의해 수립된 초기 자본주의 정치경제학 이론과 상당히 유사하며 성선택론이 빅토리아시대의 중산층 남녀 관계에 대한 일반적인 관점과 거의 동일하다는 점을 지적하고 있다.

르원틴은 여기서 진화론의 특정 가설들 중 몇몇이 당대의 특정 이데올로기의 모유를 먹고 성장했다는 정도로 이야기를 그치려는 것이 아니다. 오히려 현대 생물학을 위시한 현대 과학 전반에 걸친 이데올로기에의 영향을 지적하고 있다. 그에 의하면 원자와 개체들을 상위 집합체가 가진 모든 특성의 원인으로 보고 세계를 서로 독립된 자율 영역들(즉, 내부와 외부)로 양분해놓는 사고의 습관이 바로 그러한 영향이다. 그는 이런 이데올로기하에서는 원인이 내적이거나 외적일 뿐이며 그들 사이의 상호의존성은 어디에도 없다고 주장한다. 다윈의 진화론은 이 대목에서도 사례로 등장한다. 그에 따르면 다윈은 생물은 늘 수동적 대상이며 능동적 주체는 외부 세계(환경)라고 전제한다. 이렇게 정해진 내부·외부의 구분 속에서 외부 세계는 생물과 무관한 독자적인 법칙을 가지고 있으며 생물들에 의해 변화될 수 없음을 뜻한다. 즉, 생물은 환경을 하나의 현상으로 받아들이며 거기에 적응하든지 죽든지 할 뿐이라는 것이다.

그렇다면 이러한 이데올로기는 현대 생물학에서 어떻게 변주되고 있을까? 그는 그 중심에 유전자가 있다고 말한다. 즉 유전자라는 내적 요인이 생물의 모든 특성을 결정한다는 생각이 사람들, 심지어 생물학자들의 머릿속에도 자연스럽게 스며들어 있다고 비판한다. 어느 때부터인지 우리는 유전자의 구성을 통해 자신이 누구인지, 더 나아가 왜 사회가 이 모양인지를 이해할 수 있다고 믿기 시작했다. 그에 따르면 인간의 염기서열을 밝히는 일에 엄청난 자금이 투입될 수 있었던 사실의 배후에는 그런 이데올로기가 버티고 있었다.

르원틴의 이런 사례 분석과 결론은 그동안 과학자들이 진리로 여겨온 객관성이 한갓 환상이었음을 드러내준다. 그렇다면 르원틴이 지금 반과학을 주장하거나 우리가 과학을 포기하고 점성술을 받아들여야 한다는 주장을 펼치고 있는 것인가? 이 대목에서 그는 자신에게 '합리적 회의주의자'라는 칭호를 붙여주길 원한다. 과학도 사람들이 하는 사회적 행위이기 때문에 현대 과학의 중심 전제와 주장도 합리적 의심을 통해 걸러져야 한다는 것이다. 이런 맥락에서 그는 우리들에게 "과학을 전문가들에게 맡겨두거나 과학을 신비화하지 말고, 모든 사람들이 공유할 수 있는 세련된 과학적 이해를 추구하자"고 제안한다.

진화론으로 모든 학문을 재조직하라! 에드워드 윌슨

에드워드 윌슨

"인종차별주의자! 당신은 글렀어."
1978년 미국과학진흥협회 연례 회의장에서는 연단을 점거한 국제인종차별반대위원회 회원들의 구호가 들려왔다. 이윽고 한 여성이 주전자를 들더니만 강연을 막 시작하려는 연사의 머리 위로 물을 붓는 게 아닌가! 이 전대미문의 봉변을 당한 피해자는 사회생물학의 창시자인 에드워드 윌슨이다. 당시 그는 지천명을 코앞에 둔 하버드 대학의 저명한 동물행동학 교수였다.

이 사건의 원인 제공은 그의 저서 《사회생물학 : 새로운 종합 Sociobiology, The New Synthesis》(1975)이다. 앨라배마 대학을 졸업한 후 박사 학위를 위해 하버드 대학으로 옮긴 촌뜨기 윌슨은, 1950년대에 개미의 페로몬 연구로 학위를 받았고 좋은 평가를 받으며 하버드 대학에서 교편을 잡기 시작했다. 개미를 비롯한 몇몇 동물들의 사회 구조에 매료된 그는 《사회생물학》에서 새, 사자, 원숭이, 유인원, 그리고 인간의 사회 행동을 동일한 시각에서 분석했다. 즉, 수많은 동물들의 번식 행동, 서열 행동, 협동 행동, 카스트 체계 등을 개체나 집단이 아닌 유전자의 눈높이에서 일관성 있게 설명하고자 했다. 이렇게 사회생물학은 동물의 모든 사회행동을 진화론적 관점에서 설명하려는 야심 찬 기획이었다.

무모하게 인간을 다룬 게 화근이었을까? 사실 《사회생물학》은

26장까지 인간을 전혀 다루지 않는다. 600쪽에 달하는 전체 분량의 5%에 불과한 마지막 27장에서만 인간의 행동과 문화에 대해 언급했을 뿐이다. 하지만 이 책에 대한 거의 모든 비난과 찬사가 집중된 곳은 바로 마지막 장이었다. 실제로 27장 때문에 윌슨은 물세례의 수모도 당했지만 〈타임 Time〉과 〈뉴욕 타임스〉의 표지 기사로 유명세를 타기도 했다.

인간의 본성을 동물 본성의 연속선상에서 보려는 이런 시도는 본능보다는 학습 혹은 환경을 중시했던 좌파 계열의 지식인들을 도발하기에 충분했다. 보스턴 지역의 몇몇 지식인들은 사회생물학 연구회를 결성해 윌슨의 사회생물학이 근거도 없고 정치적으로도 위험하다는 논평들을 공개적으로 게재하기 시작했다. 탁월한 집단유전학자 르원틴과 고생물학자 굴드는 바로 그 모임의 주축 세력이었다. 두 사람은 신좌파 계열의 생물학과 교수로 윌슨과 같은 건물에서 근무하는 동료였다. 베트남전 직후의 정치 상황에 민감하지 못했던 윌슨으로서는 영문도 모르고 당했다고 할 수 있겠지만, 이런 비판은 정치적으로 순진했던 그에게 결과적으로 사회과학을 제대로 공부하게 만든 계기가 되었다.

사회생물학 연구회가 《뉴욕 서평 The New York Review of Books》을 통해 윌슨을 유전자 결정론자로 몰아붙인 사건이 있은 지 2년 후, 윌슨은 인간 연구에 전념해 보란 듯이 《인간 본성에 관하여 On Human Nature》(1979)를 출판했다. 게다가 이 책은 논픽션 부분에서 퓰리처상까지 수상하는 영광을 누렸다. 그리고 유전자와 문화의 공진화를 본격적으로 탐구한 《유전자, 마음, 그리고 문화 Genes, Mind and Culture: The Coevolutionary Process》(1981), 《프로메테우스의 불 Promethean

Fire: Reflections on the Origin of Mind》(1983)을 젊은 이론물리학자 럼스덴 Charles J. Lumsden과 함께 작업했다. 이 저작들에 등장하는 핵심 용어인 '후성 규칙epigenetic rules'은 인지 발달 용어로 '편향된 신경 회로'를 뜻한다. 유전자는 이 후성 규칙을 만들어내고 개별 마음은 그 규칙을 통해 자기 자신을 조직한다. 뱀에 대한 공포와 범문화적인 뱀의 상징들, 그리고 색에 대한 지각과 범문화적인 색 어휘의 상호작용은 후성 규칙에 의해 문화가 창조되는 사례들이다.

'철이 철을 날카롭게 한다'고 했던가? 굴드와 르원틴의 혹독한 비판은 결과적으로 윌슨의 논리와 근거를 더욱 탄탄하게 만들었다. 다만 윌슨의 그런 노력에도 불구하고 여전히 '윌슨 = 유전자 결정론자', 혹은 '사회생물학 = 유전자 결정론'이라는 등식이 학계와 대중 시장에 유통되고 있다. 억울할 것이다. 하지만 '지식의 대통합'이라는 과업을 앞에 놓고 그런 비판에 신경 쓸 여력이 없는지도 모른다.《통섭 : 지식의 대통합》(1998)은 진화 및 신경생물학을 디딤발로 하여 자연과학, 인문학, 사회과학, 심지어 예술을 '통섭統攝, consilience'하려는 시도로서《사회생물학》이후 23년 만에 나온 윌슨의 최대 역작이다. 윌슨은《통섭》에서 계몽주의 사상가들의 좌절된 꿈을 되살리고 현대 학문의 경계를 넘나드는 21세기 르네상스인의 모습을 보여주었다.

윌슨의 통섭적 태도는 생태학 및 환경 정책 분야에서 독특한 위력을

🟢 **통섭**

영국 철학자 휴얼(W. Whewell)이 1840년에《귀납적 과학의 철학 Philosophy of the Inductive Sciences》이라는 책에서 처음 쓴 용어로, 설명의 공통 기반을 만들기 위해 분야를 가로지르는 사실들과 사실들에 기반한 이론을 연결시킴으로써 지식을 '통합'하는 것을 의미한다.

발휘한다. 그는 《생명의 다양성》^{The Diversity of Life}(1992), 《바이오필리아》^{Biophilia}(1984), 《생명의 미래》^{The Future of Life}(2002) 등 일련의 생태·환경학 저서들을 통해 환경 위기를 경고하고 그에 대한 해결책을 제시해왔다. 그것은 인문, 사회, 자연과학을 통섭하는 과정에서 생겨난 부산물로 경제 논리나 뉴에이지식 해법과는 격이 다르다. 예컨대 환경과의 선천적 유대감을 뜻하는 '바이오필리아' 개념은 진화론적 관점이 녹아들어 간 생태학 및 환경정책적 신개념이다. 그는 현재 제인 구달^{Jane Goodall, 1934~} 박사처럼 지구의 생태 보전을 위한 여러 운동들을 지원하고 있다. 개미 전문가에서 사회생물학자로, 그리고 이제는 '통섭'의 전도사로 자신의 정체성을 진화시켜가면서도, 산과 바다를 돌며 온갖 동물들과의 연대감을 만끽했던 초심은 여전히 팔딱거리며 생명의 미래를 걱정하고 있다. '통섭'의 달인이 평생을 통해 보여준 최고 수준의 넘나들기는 세력권 방어와 속성 짜깁기에만 급급한 다수의 지식인들에게 큰 도전이 될 것이다.

침팬지, 인간, 로봇은 모두 기계일 뿐이다 대니얼 데닛

강아지나 고양이와 한 지붕에 사는 사람들은 늘 '자식' 자랑에 침이 마른다. "그놈 참 똑똑해. 내가 뭘 원하는지 아는 눈치야. 내 마음을 읽는 것 같아." 그들은 주인의 마음을 진짜로 읽을 수 있을까? 오히려 동물 인지를 연구하는 학자들에게 이 질문은 훨씬 더 어렵다. 그들은 침팬지가 다른 개체의 마음을 읽을 수 있

대니얼 데닛

는가를 놓고 최근 수년 동안 해마다 결론을 뒤엎고 있다. 있는 것 같긴 한데 경험적으로 입증하긴 쉽지 않고, 그렇다고 없다고 말하기는 꺼림칙한 문제다.

그렇다면 우리 인간은 마음 읽기의 명수들인가? 독심술을 말하려는 게 아니다. 마음 읽기란, 다른 개체의 믿음과 욕구, 그리고 그 믿음과 욕구에 따라 그 개체가 행동한다는 것을 안다는 뜻이다. 영화 〈레인 맨Rain Man〉에서 더스틴 호프먼은 마음 읽기 능력에 문제가 있는 자폐증 환자로 나온다. 그의 기억력은 비상하지만 만 4세 아이들이면 대개 익히는 마음 읽기를 매우 어려워한다. 심리학자들은 자폐증의 대표적 증상이 마음 읽기 능력의 손상이라고 본다.

흥미롭게도 마음 읽기 능력에 대한 이런 동물 인지 및 인간 심리 연구를 촉발시킨 이는 동물행동학자도 발달심리학자도 아닌 철학자 대니얼 데닛이다. 그는 지난 30여 년 동안 자신의 저서 《내용과 의식Content and Consciousness》(1986), 《지향적 태도The Intentional Stance》(1989), 《다윈의 위험한 생각Darwin Dangerous Idea》(1996), 《마음의 종류Kinds of Minds: Toward an Understanding of Consciousness》(1997), 《뇌자녀Brainchildren》(1998) 등에서 '지향성intentionality'이라는 철학적 개념을 발전시켜 마음 읽기 능력에 대한 이해의 지평을 넓힌 철학자다. 데닛은 미국 터프츠 대학의 인지연구소 소장이고 대학 석좌 교수이며 지난 30년 동안 인지과학 분야에서 늘 혁신적인 주장을 펼쳐 논쟁의 한복판에 서 있는 세계적 석학이다.

우리가 '생각한다'고 말할 때, 그것은 무엇에 대해 생각한다는 것이다. 이런 생각은 우리로 하여금 합리적인 행동을 하게 하고 세계와 효과적인 상호작용을 하도록 이끈다. 데닛은 지향성이란 행위자의 본래적 특징이라기보다는 행위자를 바라보는 방식이라고 주장한다. 행위자를 지향적 존재로 보는 것, 즉 자신의 믿음과 욕구에 따라 행동하는 존재로 보는 것을 '지향적 태도'라 불렀다.

박찬호가 던진 공의 움직임을 이해하기 위해 그 공이 마치 믿음과 욕구를 가진 양 생각할 이유가 전혀 없다. 물리 법칙만 잘 알고 있으면 된다. 또한, 매일 아침 울려대는 알람시계의 행동을 이해하기 위해서 그 시계의 마음을 읽기 위해 노력할 필요가 없다. 내가 몇 시에 시계를 맞춰놓았는지 알면 된다.

하지만 우리 집 강아지가 갑자기 껑충껑충 뛰는 행동, 옆집 꼬마 아이가 자지러지게 우는 행동을 이해하기 위해서는 다른 태도가 필요하다. 물리 법칙 혹은 설계 원리만을 들이댄다고 해서 이해되는 행동이 아니기 때문이다. 데닛은 바로 이 대목에서 지향적 태도가 필요하다고 주장한다. 행위자는 어떤 믿음과 욕구를 가지고 그에 따라 행동하는 것처럼 보이기 때문이다.

인간과 동물의 지향성은 데닛에게 진화의 산물일 수밖에 없다. 《다윈의 위험한 생각》과 《마음의 종류》에서 도드라져 보이듯이, 데닛은 진화론을 자신의 철학에 진지하게 활용하고 있는 철학자다. 그는 주류 과학철학자들 사이에서 '진화론에 대한 철학적 반성은 뒷전이고 응용에만 열을 올리는 사람'이라는 비판과 '초극단적 다윈주의자'라는 비난을 받으면서도 진화를 주제로 한 학계의 전쟁 속에서 자신만의 독특한 목소리를 내고 있다.

이렇게 자신의 지적 샘물에 진화론을 풀어놓게 된 데에는 동물행동학자 도킨스의 영향이 매우 컸다. 도킨스의 《이기적 유전자》, 《확장된 표현형》을 읽고 난 후부터 데닛은 줄곧 진화 전쟁에서 도킨스의 강력한 동맹군으로 활약해왔다. 1997년에 《뉴욕 서평》을 통해 고생물학자 스티븐 제이 굴드와 벌인 설전은 이제 진화생물학도들에게 거의 전설이 되었다. 굴드는 《다윈의 위험한 생각》에서 언급된 자신에 대한 비판에 격분해 급기야 데닛을 '도킨스의 애완견'이라고 야유했고, 이에 질세라 데닛은 굴드를 '뻥쟁이'라며 응수했다. 과학 논쟁은 때로 이렇게 정치 공방만큼이나 노골적이다. 일부 생물학자들로부터 이렇게 인신공격을 당해도 그가 흔들리지 않는 이유는 분명하다. 그의 철학은 진화론에 근거해 성립했기 때문이다.

그가 제기한 질문을 살펴보자.

- 무가치, 무의미, 무기능에서 어떻게 가치, 의미, 기능이 나왔을까?
- 규칙에서 어떻게 의미가 나왔는가?
- 물질에 불과한 뇌에서 어떻게 의식이라는 특이한 현상이 나올 수 있는가?

결국 그는 물이 변해 어떻게 포도주가 되었는지를 묻고 있는 것이다. 그런데 이 물음들을 자세히 보면 '미물에서 어떻게 인간과 같은 종이 나왔는가?'라는 진화론의 물음과 근본적으로 닮아 있다. 실제로 그는 이 문제들에 대한 해답이 진화론으로부터 나올 수밖에 없다고 확신하고 있다. 그는 지금 주류 진화론의 철학적 대변인 노릇에 만족해하고 있다.

성서에서는 물이 변하여 포도주가 된 사건을 기적이요, 신비라고 묘사한다. 데닛은 기존 철학계도 인공지능, 지향성, 의식, 그리고 자유의지를 논할 때 그와 유사한 태도를 보이고 있다고 비판한다. 사람들은 '로봇이 인공지능을 진짜로 가질 수 있는가, 의식을 가진 로봇이 가능한가?'라는 식의 물음을 던지면서 인간의 지능과 의식 등을 암암리에 신비화 혹은 차별화하고 있기 때문이란다. 가령 그의 저서 《의식의 수수께끼를 풀다Consciousness Explained》(1992)은 의식 탐구에 대한 탈신비화를 선언한다.

그는 평생을 이 신비화, 차별화와 맞서 싸운 용감한 지식인이라 할 수 있다. 그는 생명의 진화 과정에서 어느 순간 지능과 의식이 출현했듯이, 그와 동일한 과정을 통해 로봇도 지능과 의식을 가지게 될 것이라고 주장한다. 그에게 침팬지, 인간, 그리고 로봇은 근본적으로 같다. 즉, 하나의 '다윈 알고리듬' 혹은 '다윈 기계'일 뿐이다. 그가 2003년에 출간한 《자유는 진화한다Freedom Evolves》에서는 자유의지와 결정론의 행복한 동거를 주장하면서 인간을 '선택 기계'라고 부르기도 했다. 존 설John R. Searle을 비롯한 인공지능 반대자들과의 유명한 논쟁에서도 그는 이런 생각을 초지일관 유지했다.

이 외에도 그의 삶과 학문적 방법은 철학자에 대한 우리의 고정관념을 여지없이 무너뜨린다. 우선 그는 최고의 전문가이면서도 전문가들만을 상대로 글을 쓰는 철학자가 아니다. 예컨대 《다

다윈의 후예들

	핵심 주장	주요 저서
헉슬리	일명 '다윈의 불독'. 다윈의 사상을 해부학적으로 입증.	《자연에서의 인간의 위치》
스펜서	'사회다윈주의' 추구. 다윈의 진화론을 사회적 차원에 적용하려고 시도.	《종합 철학체계》
해밀턴	포괄적응도 이론 발표. 동물의 이타적 행동을 유전자에 기초하여 수학적으로 분석.	〈사회적 행동의 유전적 진화〉
도킨스	'유전자'의 차원에서 인간과 자연을 분석. 인간이란 '유전자의 운반자'일 뿐이라고 주장.	《이기적 유전자》《확장된 표현형》
굴드	진화가 곧 진보는 아니라고 주장. 점진론에 반기를 들고 진화가 갑작스럽게 일어날 수도 있다는 '단속평형설' 제시.	《개체발생과 계통발생》《진화론의 구조》
르원틴	'전기영동법'을 고안, 개체들 간의 유전 변이를 측정함으로써 집단유전학을 발전시킴. 생물학이 현대 사회 속에서 차지하는 위치와 영향력에 대해 연구.	《진화적인 변화의 유전적 기초》《DNA 독트린》
윌슨	사회생물학의 주창자. 인간 본성을 동물 본성의 연속선상에서 파악함.	《사회생물학: 새로운 종합》《인간 본성에 관하여》《통섭》
데닛	마음 읽기 능력과 관련된 동물 인지·인간 심리 연구	《다윈의 위험한 생각》《의식의 수수께끼를 풀다》

윈의 위험한 생각》 등을 비롯한 그의 저서들은 철학자들의 머리도 자극하는 책인 동시에 교양 있는 대중들을 매료시켰던 책이기도 하다. 이것은 그의 철학이 매우 독특하기 때문이다. 그의 글에는 언제나 무릎을 치게 만드는 적절한 예제, 그럴듯한 비유, 고품격 농담 등으로 가득 차 있다. 그는 자신의 작업을 '직관 펌프질'로 규정하고 있을 정도로 대중들의 직관을 펌프질해서 그릇된 통념들을 날려버린다. 그는 지난 30년 동안 평균적으로 한 달에 한 편씩의 논문을 썼다. '원천 생각'을 가지지 않았다면 불가능한 일이며 논쟁을 두려워하는 사람이라면 결코 이룰 수 없는 일인 것이다.

만남 6

《종의 기원》에서 종분화한 분야들

— 초대 — 만남 — 대화 — 이슈 —

심리학은 새로운 토대 위에 세워질 것이다. – 다윈, 《종의 기원》(1859)
생물학은 가까운 미래에 사회과학의 한 분과가 될 것이다. – 윌슨, 《사회생물학》(1975)

콩쥐에 관한 진실 진화론과 문학

"신데렐라는 어려서 부모님을 잃고요, 계모와 언니들에게 구박을 받았더래요. 샤바샤바 아이샤바 얼마나 울었을까요? 샤바샤바 아이샤바……." 가끔씩 꼬마들이 '쎄쎄쎄'를 하면서 부르는 노래다. 이런 노래를 들어보지 못한 사람일지라도 신데렐라 이야기 자체를 모르는 사람은 거의 없을 것이다. 엄마를 여읜 신데렐라는 계모와 언니들에게 모진 구박을 받다가 어느 날 요정의 도움으로 왕이 주최하는 무도회에 참석한다. 그녀의 예쁜 모습에 반한 왕자와 춤을 추게 된 신데렐라는 마법이 풀리는 밤 12시 종소리가 울리자 왕자의 손을 뿌리치고 허겁지겁 연회장을 빠져 나온다. 그러다 유리 구두 한 짝을 떨어뜨렸고 결국 그 한 짝의 주인을 애타게 찾던 왕자를 다시 만나 행복하게 살았다는 이야기다. 전 세계 모든 아이들이 한 번쯤은 동화나 만화로 읽어보았을 이 이야기의 원형은 9세기 중국 민담에서 처음 발견되고 유럽에서는 16세기경에 등장한다. 오늘날 가장 잘 알려진 신데렐라는 프랑스 작가 페로^{Charles Perrault, 1628~1703}의 동화집 영역판의 주인공이다.

서양에 신데렐라가 있다면 우리에게는 콩쥐팥쥐가 있다. 깨진 독에 물을 붓고 있는 콩쥐에게 두꺼비가 나타나 구멍을 막아준다는 줄거리로 우리나라에 널리 알려진 이 민담은 1919년 대창서원판 《콩쥐팟쥐젼》으로 처음 문자화된 것으로 추정된다. 어쨌든 콩쥐팥쥐에서도 주인공을 구박하다 결국 철퇴를 맞는 계모와 그 일당이 어김없이 등장한다.

왜 이런 이야기가 동서양 가릴 것 없이 거의 보편적으로 등장하는 것일까? 사실 신데렐라는 여성해방론자들에게 오랫동안 눈엣가시였다. 왜냐하면 이 이야기는 남성에게 의존해 보살핌을 받고자 하는 여성의 심리적 의존적 상태를 강화해주는 것처럼 보이기 때문이다. 게다가 사회운동가에게도 신데렐라는 뜨거운 감자다. 이혼과 재혼이 일상이 돼버린 가족 현실에서 계모의 구박을 받는 아이라니.

그럼에도 불구하고 왜 신데렐라 이야기를 원형으로 삼는 동화, 만화, 드라마, 영화 등은 우리 곁을 떠나지 않는 것일까? 전 세계적으로 보편적 문학의 패턴 같은 것이 존재하는 이유는 무엇일까? 얼마 전부터 몇몇 문학평론가들 사이에서 이런 문학적 보편성을 진화론적 관점에서 조명하려는 움직임이 일고 있다. 문학과 진화론의 만남이니, 셰익스피어가 다윈을 만났다고나 할까? 진화 문화평론가들은 신데렐라가 어찌어찌해서 행복하게 살았다는 후반부의 이야기에는 사실 큰 관심이 없다. 그들의 관심은 왜 계부모에게 구박받는 어린아이의 이야기가 전 세계적으로 등장하는가 하는 점이다.

1988년 과학전문학술지 《사이언스》에 사회적으로 큰 파장을 일으킬 만한 연구 결과가 발표된 적이 있었다. 그것은 계부모에 의한 자식 살해 위험이 친부모의 그것보다 크게는 무려 70배 정도 높다는 캐나다 연구 사례(1974~1983)였다. 혹자는 "누구나 다 아는 사실인데 뭘 그리 놀라는가?"라고 반문할지 모르지만 그 연구가 큰 주목을 받았던 이유는 그 현상을 진화론적 관점에서 분석했기 때문이다. 캐나다 맥매스터 대학의 데일리$^{\text{Martin Daly}}$와 윌슨$^{\text{Margo Wilson}}$ 교수 부부는 (1) 부모가 생물학적 부모가 아닐 때, (2) 부권이 확실하지 않을 때, (3) 자식이 불구이거나 열등한 자질을 가질 때, (4) 가난, 배고픔, 자식의 수가 많아 엄마가 지는 부담이 너무 커서 생존과 번영의 전망이 비관적일 때 자식을 향한 부모의 사랑이 예측 가능한 선에서 줄어드는 현상은 진화론적인 관점에서 가장 잘 설명된다고 주장했다.

부모와 자식 간에는 유전자를 50% 공유한다. 따라서 부모가 자신의 포괄적응도를 높이기 위해 자식의 미래를 담보로 잡을 수도 있다. 즉, 모든 자식들을 똑같은 정도로 돌보는 행동이 부모 자신의 포괄적응도를 떨어뜨리는 일이 될 수도 있기 때문에 부모는 자녀들을 평가하는 특수한 (무의식적) 심리 기제를 가지고 있다. '열 손가락 깨물어 안 아픈 손가락 없다'지만 그중 더 (혹은 덜) 아픈 손가락도 있다는 것이다. 이런 맥락에서 순전히 유전자의 관점에서만 보면 콩쥐와 유전자를 공유하지 않은 새엄마는 콩쥐에게 자신의 사랑을 퍼부을 이유가 별로 없는 것이다.

당장 이런 반론들이 제기될 것이다. 친부모 이상으로 자식을 사랑해주는 계부모도 많고 심지어 자신의 피가 전혀 섞이지도 않은 핏덩이를 데려다 친자식처럼 훌륭하게 키우는 양부모도 있는데 이 무슨 시대착오적 발상인가? 물론 그런 훌륭하신 분들도 많이 있다. 하지만 논점은 계부모 중 아동학대를 하는 계부모의 비율이 친부모 중 아동학대를 하는 친부모의 비율보다 월등히 높다는 사실이다.

그런데 국내에서는 아동학대와 관련하여 매우 모호한 연구 결과가 발표된 적이 있다. 2003년 한 국회의원이 중앙아동학대예방센터의 자료를 인용하며 아동학대의 심각성을 알린 일이 있었는데 그에 대해 어떤 언론이 뽑은 표제는 다음과 같다.

'학대받는 아동 많아…… 85.5%가 부모에 의한 학대'

도대체 어떤 부모가 왜 학대했단 말인가? 내용을 들여다보니, 아동학대는 '부자 가정(34.3%), 일반 가정(24.9%), 모자 가정(11.2%), 재혼 가정(10.3%) 등의 순'으로 발생빈도가 높다고 되어 있었다. 이 통계만 보면 아동학대에 관해 재혼 가정보다 일반 가정이 오히려 더 위험한 장소라는 결론을 내리기 쉽다. 하지만 이것은 전체 가정 중에 일반가정이 재혼가정보다 훨씬 더 많다는 사실을 간과한 명백한 오류다. 이는 마치 "카센터에 접수되는 차 중 현대차가 가장 많으니 참 놀랍지 않은가?"라고 말하는 것과 다르지 않다. 현대차가 국내에서 가장 많이 팔렸으니, 고장 난 차량의 수도 가장 많을 수밖에 없지 않은가!

한국 근대 단편소설의 선구자인 김동인이 1932년 《동광》에 발표한 〈발가락이 닮았다〉는 진화론과 문학의 행복한 만남을 다룬 소설이다. 주인공인 노총각 M은 친구들 몰래 결혼을 하지만 총각 때의 화려한 여성 편력으로 얻은 성병들로 인해 생식능력을 잃었다. 단골 의사인 '나(화자)'만큼은 이 사실을 잘 알고 있다. 그런데 M이 결혼 2년 후 어느 날 갓난아기를 품에 안고 '나'의 병원에 찾아온 것이 아닌가. 그 아기가 자기 아기라는 보장을 얻고 싶어서였다. M은 '나'에게 "이보게, 아이가 날 닮은 데가 있어. …… 내 발가락을 보게. 내 발가락은 남과 달라서 가운뎃발가락이 그중 길지. 그런데 이놈 발가락을 보게, 꼭 내 발가락 아닌가"라고 말한다. 자기 아내의 불륜을 의심하면서도 애써 그것을 삭여보려는 M에게 동정심을 느낀 '나'는, 닮은 데가 발가락만은 아니라고 말하고는 의혹과 희망이 섞인 M의 눈동자를 피해 돌아앉는다.

남성(수컷)에게는 끊임없이 제기되는 남모를 걱정거리가 하나 있다. 내 짝이 낳은 자식이 내 자식이 아닐지도 모른다는 의심이 바로 그것이다. 여성은 자기 배로 난 자식이기 때문에 그런 고민을 할 필요가 없다. 하지만 부권은 늘 불확실하다. 오죽하면 '엄마의 아기, 아빠는 아마(mama's baby, papa's maybe)'라는 서양의 우스갯소리가 있겠는가? 동서양을 막론하고 남성들이 자기 짝의 육체적 불륜에 가장 큰 질투심을 느낀다는 연구 결과가 널리 알려져 있다. 발가락에서라도 닮은 구석을 찾아보려는 M의 행동은 어쩌면 이런 질투심으로 자신의 인생을 망치고 싶지 않다는 방어 기제일지도 모른다.

프랑스 최고의 단편소설가인 모파상$^{Guy\ de\ Maupassant,\ 1850~1893}$의 〈쓸모없는 아름다움$^{L'Inutile\ Beauté}$〉(1890)이라는 단편에서도 이 부권 불확실성이 남성에게 얼마나 괴로운 문제인지가 극적으로 잘 표현돼 있다. 남편의 독점욕과 의처증 때문에 11년의 결혼 생활 동안 무려 7명의 아이를 낳을 수밖에 없었던 전직 화류계 출신의 부인은 마침내 다음과 같은 말로 남편을 응징한다.

"고백하건대 당신의 자식들 가운데 한 아이는 당신의 자식이 아니에요. 오로지 그것만이 제가 당신에게 할 수 있는 유일한 복수였어요. 그 소름끼치는 남성에 대한 복수! 그리고 당신의 강압에 의한 그 징역살이와 같은 임신과 해산에 대한 복수였죠. 제 정부가 누구냐고요? 영원히 알지 못할 거예요. 당신은 아마 온 세상 남자들을 다 의심해볼 테지만, 절대로 찾아내진 못할 거예요. 오로지 당신을 배반하려는 목적에서 저는 사랑도, 기쁨도 없이 그 남자에게 몸을 맡겨버렸답니다. 그 아이가 누구냐구요? 당신은 영원히 알아내지 못할 거예요. 7명의 아이들 가운데에서 어디 한번 찾아보세요."

"이제 그만 내게 말해줄 때도 되지 않았소? 대체 어떤 아이요? 난 이제 내 자식을 볼 때마다, 아니 그 애들이 내 옆에 있기만 해도 그 의혹 때문에 가슴이 찢어질 듯 아프오. 어떤 아인지 그것만 말해줘요."

7명의 자식 중 한 명이 당신 자식이 아니라고 고백하는 것이 남편에 대한 최대의 복수라는 부인의 말은 의미심장하다.

이런 테마는 비단 김동인과 모파상의 작품 속에만 있는 게 아니다. 뻔하고 통속적이며 심지어 비교육적이기까지 하다는 비난을 받으면서도 어느새 손가락질하던 사람들까지도 TV 브라운관 앞에 앉혀놓고 마는 수많은 드라마와 영화들 속에서 이런 주제는 날마다 변주되고 있다. 진화론은 이런 사회·문화적 현상에 대한 설명을 제공할 뿐만 아니라 그런 보편적 현상을 절묘하게 표현한 문학작품들이 성공하는 비결을 말해주기도 한다.

대통령의 눈물 진화론과 정치·경제

정치도 진화론과 관련이 있을까? 인간에게는 타인의 정신 상태(욕구, 믿음, 사고)와 그 정신 상태에 의해 야기된 타인의 행동들을 이해하는 능력이 있다고들 한다. 쉽게 말해 타인의 마음을 읽는 능력이 있다는 뜻이다. 자폐증이란 바로 그런 능력을 갖지 못하는 증상을 뜻한다. 왜 인간에게 이런 능력이 있는 것일까? 최근 들어 영장류의 인지적 독특성의 원인을 영장류가 사는 사회의 복잡성에서 찾으려는 학자들이 늘고 있다. 이른바 '마키아벨리적 지능 이론'으로도 불리는 이 이론은 원숭이와 유인원들이 사회적 복잡성이라는 적응 문제를 해결하기 위해 권모술수 전략을 채택하는 식으로 진화해왔다고 주장한다. 영장류 사회는 변화무쌍한 동맹 관계로 유지되기 때문에 다른 개체를 이용하고

기만하는 행위, 또는 더 큰 이득을 위해 상대방과 손을 잡는 행위 등이 상대적으로 적응도가 높다. 물론 이런 권모술수에 능하려면 다른 개체의 마음을 정확히 읽어낼 수 있는 능력이 우선적으로 요구된다. 저명한 영장류 학자인 프란스 드발^{Frans De Waal, 1948~}은 《침팬지 폴리틱스^{Chimpanzee Politics}》(1982)에서 침팬지에게도 이런 권모술수의 모습이 발견된다고 역설했다.

침팬지로부터 시작된 인간의 마음 읽기 능력에 대해 공부해야 할 사람은 여론 읽기에 가장 민감해야 할 정치인일지도 모른다. 가수였다가 연기에 입문한 이효리가 방송에 나와 "드라마 〈미안하다 사랑한다〉(2004)에서 소지섭이 보여준 눈물 연기를 교본으로 삼았다"라는 고백을 해 한때 화제가 된 적이 있었다. 조금 오래됐긴 하지만 영화 〈초록물고기〉(1997)에서 보스의 명령으로 살인을 저지른 뒤 공중전화 부스에서 형에게 전화를 거는 한석규의 눈물 연기 또한 관객의 마음속에서 쉽게 지워지지 않는 명장면이다. 눈물 연기가 자연스럽게 될 때 비로소 연기에 눈뜨게 된다는 연기자들만의 통설도 있다. 정치와 진화를 논한다더니 왜 갑자기 눈물 이야기인가?

2002년 대선 직전 2분짜리 광고 한 편이 대선 결과를 뒤집는 중대한 계기가 됐다는 사실을 기억하는 사람은 많지 않다. 광고의 내용은 간단했다. 노무현 후보의 파란만장한 인생 역정이 짧은 필름으로 스쳐 지나가고 그는 기타를 퉁기며 나직이 노래를 불렀다. 그 후 주르륵 한줄기 눈물을 흘렸다. 이게 광고의 전부였다. 하지만 그 충격과 파장은 실로 엄청났다. 당시 여론조사에서 50만 표 이상 뒤지고 있었던 노 후보 측은 그 광고를 발판으로 삼아 결국 대역전극을 일궈냈다. 한국 사회에서 대선 후보로 나온 한 중년 남성이 전 국민이 보는 TV 앞에서 인생을 회고하며 눈물을 흘린 사건이 낳은 엄청난 파장이었다.

도대체 눈물은 왜 사람의 마음을 움직이는 것일까? 진화론에 뿌리를 두고 있는 동물행동학은 바로 이 질문에 답할 수 있는 최고의 과학 이론이다. 도살장에 끌려가는 소가 눈물을 뚝뚝 흘린다는 말도 있지만, 동물행동학자들에 따르면 오로지 인간만이 눈물을 흘리며 운다. 물론 동물들도 우리와 비슷한 감정들(슬픔, 기쁨, 놀람 등)을 느낀다. 하지만 어쨌든 눈물과 같은 형태로 감정을 표현하는 동물은 인간뿐이다.

여러분이 눈물 흘릴 때를 생각해보라. 우선 눈물샘에서 눈물을 흘려 내보내려면 복잡한 생화학적 과정이 필요하며 에너지도 많이 든다. 그렇게 해서 눈물이 나오면 시야도 흐려진다. 따라서 경제적 관점에서 보면 눈물 흘리는 일은 비용이 드는 작업이다. 가짜 눈물이 쉽지 않은 이유가 여기에 있다. 이런 조건들은 이스라엘의 행동생태학자 아모츠 자하비^{Amotz Zahavi}의 '핸디캡 이론^{handicap principle}'을 적용하기 딱 알맞은 상황이다. 그 이론에 따르면 생산 비용이 많이 드는 신호일수록 정직한 신호다. 왜냐하면 그것을 생산해낼 자원과 능력이 없는 사람은 결코 그 신호를 만들어낼 수 없기 때문이다. 그러니 수신자는 송신자의 신호가 얼마나 많은 비용을 들여 표현된 것인지를 가늠하여 그 신호의 진실성을 파악해야 한다. 수컷 공작이 거추장스럽고 사치스럽게만 느껴지는 길고 아름다운 꼬리를 달고 다니는 이유는 암컷에게 '나는 이런 값비싼 깃털을 만들어낼 만큼 건강하고 능력 있다'라

수컷 공작이 화려한 깃털을 펼치는 것은 자신이 좋은 유전자를 갖고 있다는 선전의 의미다.

는 사실을 광고하기 위한 것이다. 즉, 핸디캡(거추장스러운 꼬리)을 극복하고 잘 생존할 만큼, 값비싼 신호를 만들어내도 까딱없을 만큼 대단한 존재라는 사실을 선전하고 있는 것이다.

인간의 눈물은 공작의 버거운 꼬리와도 같다. 눈물은 인간 누구에게나 있지만 공작의 버거운 꼬리는 수컷에게만 있다는 점이 다르다. 눈물은 비싼 신호이기 때문에 정직하며 그 눈물을 본 우리는 그 신호의 의미, 곧 송신자의 진심을 읽게 된다. 상대방의 눈물을 보면 자연스럽게 마음이 열리고 이해력과 포용력이 커지는 이유가 바로 여기에 있다.

이른바 '눈물의 정치'가 맹위를 떨친 사건이 또 한 번 벌어졌다. 노무현 대통령 탄핵안이 다수 야당의 찬성으로 통과되자 열린우리당 의원들이 국회 본회의장 바닥에 주저앉아 대성통곡을 하던 광경을 기억하는가? 공중파 TV를 통해 전국에 생중계된 이 눈물바다의 현장은 뜻밖에도 열린우리당에게 17대 총선 승리라는 선물을 안겨줬다. 또 한 번 눈물의 진화론이 정치의 행방에 관여했던 사건이었다. 그 눈물들이 실제로 얼마나 진지하고 정직한 것이었느냐는 여기서는 논외다. 다만 정치와 눈물 사이에 진화론적 원리가 작동했다는 사실이 중요하다.

사실 핸디캡 이론은 최근에 유행처럼 번진 명품 열풍, 럭셔리 열풍에 대한 설명도 함께 제공한다. 미국의 경제학자 소스타인 베블런Thorstein Veblen, 1857~1929은 《유한계급론The Theory of the Leisure Class》 (1899)에서 '과시적 소비'라는 개념을 도입한 적이 있다. 그는 이방인들 사이에서 살아가는 현대 도시 사회의 사람들은 비싼 사치품으로 장식함으로써 자신의 부를 과시하려는 성향이 크다고 보았다. 왜냐하면 타인이 실제로 얼마나 부유한지 직접적으로 알 수 없는 곳에서는 과시적 소비만이 믿을 수 있는 부의 지표가 되기 때문이다. 베블런의 이런 설명은 동물의 신호가 대개 적응도 과시를 위해 진화해왔다는 핸디캡 이론과 맥을 같이한다. 유난히 크고 긴 꼬리를 가진 수컷 공작은 오늘날 인간으로 치면 최고급 벤츠를 타고 명품 시계를 차고 최고 브랜드의 옷을 입고 다니며 타워팰리스에 살고 있는 재벌 2세쯤이 될 것이다. 평범한 회사원은 명품 시계까지는 어떻게 해볼 수 있어도 그 나머지까지 흉내내기란 불가능하다.

오늘날 신문 한 귀퉁이를 늘 장식하는 그 수많은 사기 사건들을 자세히 들여다보라. 구체적인 사정들이야 다 다르지만 쉽게 말하면 사기꾼의 허세에 넘어간 사건들이 태반이다. 피해자의 입장에서 보면 가해자의 조작된 가짜 신호를 잘 읽어내지 못해 생긴 비극이지만 사기꾼의 입장에서 보면 피해자의 신호 입출력 시스템을 잘 조작해낸 사건이다.

인간의 경제 행위는 합리적인가? 진화론과 경제학

우리가 과연 합리적인 경제 주체인가에 대한 물음은 이제 더 이상 경제학이나 심리학만의 물음이 아닙니다. 인간의 합리성에 대한 진화론적 고찰은 전통적 경제학과 심리학의 기본 전제들을 뿌리부터 흔들어놓았다. 지금도 주류 경제학이 채택하는 설명 방식은 기본적으로 '합리적 선택 이론'이다. 이 이론에 따르면 인간들은 할 수 있는 한 모든 요소들을 검토하고 특정 선택을 했을 때 어떤 결과가 나올지를 저울질한다. 그리고 결정하기 전에 이해득실(투자, 위험, 감정적·물질적 보상 등)을 따져본다. 그리고 효용성을 극대화한 선택을 선호하게 된다. 이런 생각은 사실 전통적 심리학의 인간관에 근거한 것이며 한편으로 정치학을 비롯한 다른 사회과학 분야에서 널리 채택하고 있는 전제다.

진화론은 인간이 그런 식의 합리성을 결코 진화시키지 않았다고 반론한다. 인간의 두뇌가 계산 능력이 탁월한 슈퍼컴퓨터로 진화했더라면 결코 지금의 나는 존재하지 않았을 것이다. 왜냐하면 그런 두뇌로도 엄청나게 복잡다단하고 변화무쌍한 환경하에서 수없이 많은 불완전한 정보를 처리하기에는 역부족이기 때문이다. 이는 마치 태풍이 도시 전체를 휩쓸고 지나간 지 2분이 흘렀는데 아직도 태풍의 출현 가능성을 계산하고 있는 슈퍼컴퓨터와도 같다. 인간 두뇌의 사고 능력은 결코 그런 식으로 진화할 수 없다.

인간의 합리성에 대한 전통적 견해의 비현실성은 심리학자인 허버트 사이먼 Herbert Simon, 1916~2001이 1957년에 제시한 '만족화 모형'에 의해 본격적으로 비판받기 시작했다. 이 의사결정 모형은 사용 가능하고 가장 빠른 시간에 감지되는 것들 중에서 가장 처음 부각된 선택이 만족스럽다면 그것으로 선택을 종료하는 방식으로 인간이 사고한다는 이론이다. 예컨대 결혼 적령기의 미혼남 중 이상형을 무작정 찾아 나서는 미련한 사람은 별로 없다. 대개 자기 주변의 여성들 중 가장 매력적인 여성에게 청혼한다. 이게 바로 '만족화 모형'이다. 진화발생학자 자크 모노$^{Jacques\ Monod,\ 1910~1976}$의 말대로, 진화는 주변에 사용 가능한 것들을 가져다가 여기저기 땜질을 하는 수선공이지 모든 문제를 모든 가능한 방식대로 풀어내는 슈퍼컴퓨터가 아니다.

전통적 합리성 이론에 대한 이런 반론은, '발견법'이라고 불리는 빠르고 효율적인, 그래서 때로는 부정확할 수 있는 인지 처리 기제를 사용한다는 연구 결과에 의해서 더욱 힘을 얻었다. 미국의 심리학자 대니얼 카너먼$^{Daniel\ Kahneman,\ 1934~}$과 에이머스 트버스키$^{Amos\ Tversky,\ 1937~1996}$는 확률 추리 과정에서 흔히 나타나는 여러 유형의 편향과 오류들을 분석하는 과정에서 인간이 몇 가지 유용한 발견법(일종의 편법)들을 사용한다는 사실을 발견했다. 게다가 그 발견법들로 인한 추론상의 오류와 착각은 우발적이기보다는 체계적이며 때로는 교정 교육마저 소용없을 정도로 매우 심각하다고 주장한다.

예컨대 동전 던지기를 하는데 다음과 같은 결과가 나왔다고 할 때 그 다음번에는 어떤 면이 나오겠느냐고 질문해보자.

뒤·앞·뒤·앞·앞·뒤·뒤·뒤·앞·앞·앞·앞·?

연구 결과에 따르면 피실험자들은 대개 뒷면이라고 답한다. 하지만 이런 대답은 틀린 것으로 보인다. 왜냐하면 동전 던지기의 경우 그 이전에 어떤 결과가 나왔든지 간에 앞면, 뒷면이 나올 확률은 1:1로 같기 때문이다. 왜 이런 오류를 쉽게 범하는 것일까? 트버스키와 카너먼 등은 사람들이 위 사례에서 앞보다 뒤가 나오는 경우가 그 반대 경우보다 더 대표적인 연쇄라고 판단하기 때문에 그런 실수를 범한다고 설명한다. 즉, '대표성 발견법'에 의한 불가피한 오류라는 지적이다. 이것은 흔히 '도박사의 오류'라고 널리 알려져 있다.

하지만 이런 문제에 대해 진화론을 좀 더 진지하게 적용하기를 원하는 학자들은 그 현상 자체는 받아들이지만 그것이 과연 인지착오인가에 대해서는 의견을 달리한다. 사실 동전, 주사위, 룰렛 등과 같이 공정함이 필수인 도박 기구들은 특수하게 잘 가공돼야 한다. 하지만 100% 공정한 기구 제작은 사실상 기술적으로 불가능하다. 가령 6이 너무 자주 나오는 주사위는 그 주사위 자체가 정교하게 만들어지지 않았을 개연성이 실제로 높다. 따라서 실제 도박 기구의 경우 과거의 수행 결과는 미래의 수행 결과에 영향을 미칠 수밖에 없다.

하물며 자연 세계에 대한 우리의 예측적 판단은 어떠하겠는가? 가령 날씨를 예측할 때 오늘의 날씨를 참고해야 한다는 점은 너무나 명백하다. 왜냐하면 내일의 날씨와 오늘의 날씨는 대체로 공통 원인들을 갖기 때문이다. 오늘 한반도에 걸쳐 있는 비구름 때문에 비가 왔다면 그 구름이 계속 머물러 있는 한 내일도 동일한 원인에 의해 비가 올 것이다. 이렇게 자연계에서는 과거의 사건이 미래의 사건과 어떤 식으로든 인과적인 관련을 맺고 있다. 따라서 대부분의 자연계에서는 미래의 사건이 과거의 사건과 연관되어 있다는 믿음이 그렇지 않다는 믿음에 비해 진화적으로 더 큰 이득을 안겨다주었을 것이다. 만일 인류가 수십만 년 동안 카지노장에서만 갇혀 지내면서 이길 때마다 번식 성공도를 높이는 식으로 진화했다면 자연은 틀림없이 우리의 마음에서 '도박사의 오류'를 제거했을 것이다.

진화론적인 시각으로는 도박사의 오류가 진정한 인지착오일 수 없다. 오히려 적응적 추론의 한 사례로 간주될 수 있을 것이다. 수십만 년 동안 인간의 두뇌는 간단한 수와 빈도를 다루도록 진화했지 추상적인 확률 추론을 필요로 하는 복잡한 문제들을 처리하도록 진화하지 않았다. 확률에 대한 개념은 인류 진화사에 비춰볼 때 최신 개념이다. 불확실한 상황에서 우리 조상들이 그런 확률을 즐겨 사용했을 가능성은 매우 희박하다. 진화론은 이처럼 인간의 합리적 추론 능력에 대한 기존의 사회과학적 전제들을 재고하게 만들었다. 그리고 그 대안으로 진화론과 경제학을 접목시킨 '생태적 합리성' 개념을 발전시키고 있다.

총각의 힘 진화론과 과학기술

이제 인간의 창조성과 진화론의 관계에 대해 살펴보자. 인간이 만물의 영장이라 불리는 이유는 과학기술을 발전시킨 인간의 창조력 때문이다. 그렇다면 이런 창조성의 원천은 과연 무엇인가?

"30세 이전에 과학에 위대한 공헌을 하지 못하면 그 사람은 영원히 그럴 기회가 없을 것이다." 아인슈타인이 툭 던진 이 말에 실제로 얼마나 많은 과학자들이 좌절감을 느꼈을지는 알 길이 없다. 그런데 이와 관련해 흥미로운 연구 결과가 2003년에 런던 정경대학의 사토시 가나자와 박사에 의해 발표됐다. 그는 280명의 남성 과학자들의 일생을 분석한 후 그중 65%가 35세 이전에 자신의 최고 논문들을 집필했다는 사실을 발견했다. 더욱 흥미로운 것은 결혼을 하고 나면 나이에 상관없이 학문적 성과가 급격히 줄어든다는 사실이다. 대신 미혼 과학자들은 나이가 들어도 계속해서 좋은 연구 결과들을 내놓았다. 그는 이를 두고 남성 과학자의 창조성이 짝짓기와 관련 있다고 결론지었다. 즉, 여성에게 선택받기 위해 남성 과학자들이 기를 쓰고 경쟁을 한 결과 양질의 논문들이 탄생했다는 설명이다. 기혼 과학자들에게는 이 얼마나 참담한 소식인가? 짝짓기가 창조성의 원천이라니!

성선택 이론을 인간 본성의 진화에 본격적으로 적용시킨 심리학자 제프리 밀러Geoffrey Miller는 《메이팅 마인드The Mating Mind》(2000)라는 책에서 창조성과 성선택 이론의 관계를 좀 더 포괄적으로 탐구하고 있다. 그는 인간만이 갖고 있다고 여겨지는 독특한 특성들(음악, 미술, 문학, 자의식, 언어, 유머, 창의적 사상, 종교, 도덕 능력, 과학기술)의 진화를 성선택의 직접적인 결과라고 해석한다. 인간의 이 모든 독특한 능력들이 이성을 유혹하기 위한 전략으로 최근 250만 년에 걸쳐 진화했다는 주장이다. 성선택이야말로 인간을 인간이게 만든 진정한 추동력이었던 셈이다. 성선택 이론으로 인간의 독특성을 전부 다 설명할 수 있느냐는 문제는 제쳐두고라도 이제는 더 이상 '도대체 과학기술, 음악, 문학 등이 인간의 생존과 무슨 상관이 있냐?'라는 반문은 예전만큼 당당해 보이지 않는다.

창조성과 진화의 관계를 생각하다 보니 어느새 문학으로 다시 돌아왔다. 유치하기 짝이 없는 옛날 연애편지들을 들춰본 적이 있는가? 닭살이 돋다가도 '연애를 하면 누구나 시인이 된다'는 말에 어느새 고개가 끄덕여지지 않는가? 위에서 살펴본 바대로 진화론은 문학, 정치, 경제, 그리고 과학기술 영역에 이르기까지 문어발처럼 자신의 적용 범위를 넓혀가며 지금도 진화 중이다.

Charles Darwin

Chapter 3

🎙 대화
TALKING

William Paley

대화

갈릴레오와 다윈,
누가 더 도발적이었나?

 2008년 12월 20일 영국의 과학잡지 〈뉴사이언티스트〉는 흥미로운 질문을 던지며 2009년의 문을 열었다. 그 물음은 '갈릴레오와 다윈 중에서 누가 더 인류의 토대를 통째로 뒤흔들어 놓았는가?'였다.
 이 질문이 다소 얄궂게 느껴지는 것은 2009년이 다윈 탄생 200돌, 《종의 기원》 출간 150주년으로서 '다윈의 해'이면서 동시에 국제천문연맹과 유네스코가 지정한 '세계 천문의 해'이기도 하기 때문이다. 2009년이 천문의 해가 된 이유 중 하나는 갈릴레오가 자신이 만든 개량 망원경으로 태양, 달, 그리고 행성들을 관찰한 지 400년이 된 해이기 때문이다. 이에 과학잡지의 영민한 편집자가 갈릴레오와 다윈의 싸움을 부추긴 것이다.

〈뉴사이언티스트〉는 재미를 더하기 위해 이 두 과학자의 변호인을 선임하기로 했다. 물론 변호인의 선정은 독자들의 온라인 투표로 결정되었다. 갈릴레오의 변호인 후보에는 스티븐, 스티븐 와인버그, 리 스몰린 등이 올랐지만 압도적인 표차로 칼 세이건이 최종으로 선임되었다. 한편 다윈의 변호인 후보에는 박빙의 승부가 펼쳐졌다. 리처드 도킨스, 스티븐 제이 굴드, 에드워드 윌슨, 대니얼 데닛 등이 엎치락뒤치락 하더니 막판에 가서 도킨스 쪽으로 기울어졌다.

〈뉴사이언티스트〉는 온라인 독자들의 힘을 빌어 '갈릴레오 vs. 다윈'의 대리전으로 과학 최고의 흥행카드가 될 수도 있는 '세이건 vs. 도킨스'의 대담을 이끌어냈다. 이 대담은 2008년 12월 31일 밤 10시부터 자정까지 뉴욕 맨하탄의 타임스퀘어 광장의 한 빌딩에서 진행되었으며 유투브와 〈뉴사이언티스트〉 홈페이지를 통해 온라인으로 생중계되었다. 사회는 〈뉴사이언티스트〉 편집장이 맡았다.

[사회자] 2009년을 두 시간 앞둔 상황에서 과학계 최고의 지성인 도킨스 박사와 세이건 박사의 대담을 진행하게 되어 영광입니다. 이 두 분은 오늘 저희 〈뉴사이언티스트〉가 던진 '갈릴레오와 다윈 중에서 누가 더 인류의 토대를 뒤흔들어 놓았는가?' 라는 질문에 답하시기 위해 나오셨습니다. 짐작하시겠지만 도킨스 박사는 다윈을, 세이건 박사는 갈릴레오를 옹호하실 것입니다. 전 세계의 시청자께서도 토론에 참여하실 수 있도록 하겠습니다. 두 분의 대담을 들으신 후 자신의 의견을 온라인 투표를 통해 표시

해주시기 바랍니다. 투표 결과는 2009년 1월 1일 0시에 공개하도록 하겠습니다. 우선 세이건 박사부터 말씀해주시겠습니까?

|세이건| 우선 하나는 확실히 해두고 시작하면 좋겠습니다. 제가 쓴 《코스모스》나 같은 제목의 다큐멘터리를 보신 분들은 아시겠지만, 다윈에 대한 저의 애정과 존경심은 재론할 여지가 없습니다. 그는 자연을 바라보는 시각을 완전히 바꿔놓은 혁명적 사상가였죠. 다윈의 《종의 기원》은 세상을 뒤집어놓은 과학책입니다. 두 시간 후면 그가 태어난 지 200돌이고, 《종의 기원》이 빛을 본 지 150년이 되니 정말로 2009년은 다윈이 부흥하는 해가 될 것입니다.

|도킨스| 칼, 처음부터 너무 빨리 꼬리를 내리시는 것 아니에요? 그러면 너무 싱거워지는데요. 하하. 농담입니다. 고백하자면 저도 갈릴레오의 열혈 팬입니다. 지동설을 주장하던 사람들을 고문하고 화형까지 시켰던 당시의 상황을 고려한다면, 그의 용기는 정말 대단했다고 할 수 있습니다. 결국엔 교권에 무릎을 꿇은 게 좀 아쉽지만 말입니다.

|세이건| 재판정을 나오면서 갈릴레오가 "그래도 지구는 돈다"는 말을 했다고 알려져 있지만, 그것은 아마 후대에 덧붙여진 이야기일 겁니다. 어쨌든 굴복했던 것은 분명한 사실이지요. 17세기만 해도 유럽의 기독교는 모든 것의 중심에 있었죠. 기독교에 해가 될 것 같은 것은 그것이 아무리 그럴듯하다 하더라도 용인되

기 힘들었습니다.

|도킨스| 어디 17세기뿐이겠습니까? 좀 우습고도 한심한 얘기지만, 지구가 태양 주위를 돈다는 사실은 1992년에서야 로마 카톨릭으로부터 정식으로 인정을 받았습니다. 말하자면, 카톨릭의 세계에서는 20년 전만 해도 지구가 태양 주위를 '불법'으로 회전하고 있었던 셈이지요.

|세이건| 하하. 최근에 교황이 된 베네딕토 16세가 20년 전쯤에 갈릴레오 재판을 "이성적이고 공정했다"고 했었다죠. 그런 사실이 알려지자 로마 안에서도 교황의 방문을 반대하는 대학들이 늘어났다는군요. 종교의 고집은 정말 못 말립니다.

|도킨스| 그래서 제가 《만들어진 신》을 쓰고 무신론 운동을 하고 있는 것 아닙니까? 저는 인류의 역사에서 지금이 대단히 중요한 시점이라고 봅니다. 유통기한이 지난 종교적 세계관을 계속 부여잡을 것인가, 아니면 새로운 과학적 세계관으로 미래를 개척할 것인가?

|세이건| 글쎄요. 저도 그 누구 못지않은 무신론자이긴 하지만 '종교냐 과학이냐'의 양자택일이 최선인가에 대해서는 당신만큼 확신이 없습니다. 종교를 박멸하기 위한 전략보다는 오히려 인류의 종교적 감성을 좀 더 합리적인 방향으로 틀 수 있도록 돕는 게 더 좋은 것이 아닌가 생각해봅니다. 신들에 대한 경외감을 자

연에 대한 경이감으로 자연스럽게 전환시키는 것 말입니다. 이런 맥락에서 갈릴레오의 '두 권의 책' 이야기가 마음에 와 닿습니다. 그는 이렇게 말했죠. "세상에 두 종류의 책이 있다. 하나는 성서^{book of Bible}이고 다른 하나는 자연의 책^{book of nature}이다"라구요.

|도킨스| 저는 그게 갈릴레오의 한계였다고 봅니다. 두 권의 책을 나누고 서로 상관없는 것으로 여겼던 견해 말입니다. 갈릴레오는 지구가 태양 주위를 도는 것이 성서의 기록과는 전혀 상관없는 것이라 확신했습니다. 그렇게 믿었기에 무모하게 교황청을 설득하려 들지 않았습니까? 그는 과학의 진리를 위해 목숨을 던진 순교자가 아닙니다. 과학과 종교는 별개의 것이라는 확신, 그리고 자신의 천문 이론에 대한 확신을 가지고 순진하게 행동했던 사람이었습니다. 하지만 교황청의 생각은 전혀 달랐죠. 그들에게는 단 한 권의 책만 있을 뿐이었거든요.

|세이건| 갈릴레오를 자연스럽게 깎아내리시는군요. 하하. 좋습니다. 하지만 갈릴레오는 17세기 사람이었으니까 그렇다 치더라도, 19세기의 다윈은 어땠습니까? 그도 종교 문제만큼은 전혀 해결하지 못한 위인 아니었던가요?

|도킨스| 다윈의 아킬레스건을 건드리시네요. 맞습니다. 다윈은 스스로를 무신론자라고 공개적으로 말하고 다니지는 않았죠. 그의 후배이며 동료였던 토머스 헉슬리와 비교해보면, 다윈은 자신이 유포한 혁명적 견해에 비해 너무 얌전했습니다. 갈릴레오

가 정치적으로 둔감하고 순진한 사람이었다면, 다윈은 너무 많은 것을 생각하는 소심한 사람이었다고 할 수 있습니다. 게다가 다윈과 모든 것을 함께 했던 부인이 독실한 개신교도이지 않았습니까? 물론 자신도 케임브리지 대학교 신학부 졸업생이기도 하구요. 하지만 그가 자연선택 이론과 기독교가 양립하기 힘들다는 생각을 가졌던 것은 분명해 보입니다.

|세이건| 그러고 보니 '인류의 토대를 통째로 뒤흔든 과학자'로 알려진 두 사람이 모두 기독교의 울타리를 벗어나지 못했다고 할 수 있겠네요.

|도킨스| 역사적 한계이지 않겠습니까? 문제는 오늘처럼 탈종교화된 사회에도 여전히 종교적 세계관에 발을 담그고 있는 지식인들이 적지 않다는 것이겠죠. 어쨌든 갈릴레오는 지구가 우주의 중심이 아니라는 사실을 밝혔고, 다윈은 인간이 그런 지구의 중심적 존재가 아니라는 사실을 밝히지 않았습니까? 그것만으로 두 사람은 인류의 지성사에 대단한 족적을 남긴 것이겠지요.

|세이건| 그런데 리처드, 갈릴레오와 다윈이 둘 다 의과대학을 다녔었다는 사실을 아십니까?

|도킨스| 네, 압니다. 그런데 둘 다 중퇴했죠. 갈릴레오는 이탈리아의 피사 대학교 의학부를, 다윈은 영국 에든버러 대학교의 의학부를 다니다 말았습니다. 갈릴레오는 그 이후에 정식으로 수

학을 공부했지만, 다윈은 신학을 공부했습니다. 다윈은 나중에야 독학으로 지질학과 자연사를 공부하게 되지요. 지금에야 위인으로 칭송받는 사람들이지만 그 당시 관점에서는 한 번 꺾인 사람들이라고 할 수 있을 것 같아요. 중퇴하고 고향에 돌아온 다윈을 보고 그의 아버지는 "우리 가문의 수치가 될거다"라고 악담을 했다지요?

|세이건| 그렇네요. 또 다른 공통점도 있어요. 두 사람 모두 후원을 받았다는 점이죠. 갈릴레오는 당대 최고의 가문이었던 메디치가의 후원을 받은 반면, 다윈은 평생 본가와 처가로부터 경제적 지원을 받았죠. 갈릴레오의 경우는 후원을 받았다기 보다는 후원을 따냈다고 해야 할 거예요. 망원경으로 목성의 위성들을 발견하고는 메디치가 네 아들의 이름을 붙여주었죠. 재미로 그렇게 했겠습니까? 별 볼일 없던 가문의 갈릴레오에게는 정말 돈이 필요했어요. 돈 걱정 없이 연구에 매진하기 위해 약간 비굴한 일까지 하게 된 것이지요.

|도킨스| 그에 비하면 다윈은 정말 '엄친아'입니다. 친할아버지는 당대 최고의 외과의사였던 이래즈머스 다윈이었고, 아버지도 돈 잘 버는 의사였죠. 외할아버지는 어떻습니까? '본차이나'라는 회사 아시죠? 전세계의 최고 럭셔리 그릇 브랜드라고 할 수 있겠죠. 그 회사의 창업자인 웨지우드가 다윈의 외할아버지였어요. 그리고 그 외할아버지의 친손녀가 다윈의 아내였습니다. 이렇게 친가와 외가가 모두 엄청나게 빵빵한 집안이었죠. 실제로

둘이 결혼할 때 양가에서 목돈과 함께 매년 넉넉하게 생활비를 대줍니다. 다윈이 에든버러 대학을 중퇴하고도 케임브리지 대학에 쉽게 들어간 것이나, 뚜렷한 직업 없이 평생을 연구에 매진할 수 있었던 것은 다 이런 배경 때문이었지요.

|세이건| 맞아요. 다윈은 평생 백수였어요. 하하.

|도킨스| 갈릴레오가 다윈과 같은 시대를 산 사람이었다면 참 부러워했을 것 같아요. 자신이 꿈이라고 생각하는 것을 이루고 산 사람이었으니까요.

|세이건| 저는 오히려 그 점이 갈릴레오를 더욱 위대하게 만드는 것 같아요. 그는 정말 밑바닥부터 올라와 최고가 된 사람이었죠. 다윈을 재벌 2세에 비유할 수 있다면 갈릴레오는 평사원에서 CEO까지 올라온 자수성가형 위인이라고 할 수 있을 것 같아요.

|도킨스| 재밌는 비유이긴 한데요. 원래 돈 많은 재벌 2세들은 공부 같은 것은 잘 안합니다. 아쉬울 것도 없고 더 이상 알고 싶은 것도 없거든요. 하지만 다윈은 호기심과 열정의 사람이었어요. 편집증에 가까울 정도로 집요한 데가 있었죠. 그가 죽기 전 해에 출간한 책만 봐도 그 사실을 금방 알 수 있습니다. 죽기 전까지 그는 자기 손자들과 지렁이에 대해 연구했어요. 지렁이가 토양을 어떻게 변화시키는지를 탐구한 것이죠. 72세까지 연구의 끈을 놓지 않은 겁니다. 참 감동적이지 않습니까?

|세이건| 오, 그래요? 갈릴레오도 이른바 《두 개의 새로운 과학Two New Sciences》을 74세에 출간했어요. 지동설을 주장하는 내용을 담고 있었기에 이탈리아에서는 출판을 못하고 네덜란드에서 나왔죠. 갈릴레오의 말년도 만만치 않았다구요.

|도킨스| 아, 이거 비슷한 구석이 생각보다 많네요. 평생 동안 책을 10권 정도씩 쓴 것도 비슷하구요. 하지만 갈릴레오가 다윈보다 책을 많이 팔았을 것 같지는 않아요. 제가 요즘 환율로 환산을 해보니까 다윈이 책을 써서 인세로 받은 돈이 대략 100만 달러 정도는 되더라구요. 당시 출판시장의 규모를 생각해볼 때, 그는 요즘으로 치면 초특급 베스트셀러 저자라고 할 수 있을 거예요.

|세이건| 갈릴레오의 책들도 당대에 인기가 많았습니다. 다만 《종의 기원》처럼 세월이 지나도 많이 읽히는 그런 고전을 남기진 못했지요.

|도킨스| 딸에 관한 이야기도 흥미로운 것 같아요. 갈릴레오는 결혼도 하지 않고 딸을 낳지 않았습니까?

|세이건| 사생아였죠. 그리고 경제적 이유 때문에 그 딸을 수도원으로 보내 수녀가 되게 했습니다. 아버지와 딸 간에 오간 편지들이 훗날 발견되었는데, 부녀지간의 사랑이 아주 강하게 느껴지더군요.

|도킨스| 다윈의 경우에도 부녀지간의 사랑은 절절했어요. 딸들 중에서도 애니를 가장 사랑했지 않습니까? 그런데 병으로 어린 나이에 죽게 되잖아요. 다윈은 사랑하는 딸이 회복되기를 간절히 바라며 신을 찾았습니다. 하지만 그 고통의 현장에서 신은 나타나지 않았지요. 훗날 다윈은 그 사건이 자신이 신의 존재를 의심하게 된 결정적 계기였다고 털어놓지요. 딸에 대한 사랑이 신에 대한 사랑보다 훨씬 컸었나 봅니다.

|사회자| 두 분이 워낙 달변가들이시라 지금까지 아무 말도 않고 듣고 있었습니다. 정리하도록 하겠습니다. 갈릴레오와 다윈이 인간에 대한 생각을 통째로 바꿔놓은 위인들이긴 하지만 그런 위대한 업적 뒤에는 몇 가지 인간적인 공통점들이 있다고 하셨습니다. 예컨대 의대를 중퇴한 일, 후원을 받고 산 일, 문제작을 쓴 일, 그리고 딸에 대한 사랑 등. 좋습니다. 이제 마무리 발언을 해주셔야 할 시간입니다. 한 말씀씩만 부탁드립니다. 세이건 박사님은 왜 갈릴레오를 더 도발적인 과학자라고 보시는지요? 도킨스 박사님은 왜 다윈을 더 높이 사십시까?

|세이건| 통념을 깬다는 것은 쉬운 일이 아닙니다. 갈릴레오 시절에는 프톨레마이오스의 천동설이 대세였었고, 아리스토텔레스의 역학이 지배적이었습니다. 거의 2천 년을 지배했던 패러다임이었습니다. 갈릴레오는 직접적인 관찰과 실험을 통해 이 패러다임을 깨려 했던 사람이었습니다. 망원경을 통해 달 표면이 매끄럽지 못하고 여기저기 분화구들이 있다는 사실을 발견하고는

천상의 세계가 불완전할 수 있음을 받아들입니다. 망원경으로 금성의 형태 변화를 관찰하고는 지동설을 더욱 확신하게 되었죠. 그리고 자유낙하 하는 물체의 낙하거리가 시간의 제곱에 비례한다는 사실도 실험으로 알아냈습니다. 이처럼 그는 관찰과 실험을 통해 신뢰할 만한 지식을 쌓으려고 노력했던 최초의 근대인이었습니다. 근대과학의 완성자인 뉴턴도 그의 후예라 할 수 있겠죠.

| 도킨스 | 통념 깨기로 치면 다윈을 따라갈 사람이 있을까요? 종이 불변한다는 생각은 수천 년을 내려온 통념이었죠. 다윈은 자연선택 이론과 생명의 나무 이론으로 그 통념에 반기를 들었습니다. 물론 종이 변한다는 생각은 다윈의 독창적인 생각은 아니었습니다. 이미 다윈의 친할아버지인 이래즈머즈 다윈이나 프랑스의 라마르크가 명시적으로 주장한 부분이었죠. 다윈의 공헌은 종이 어떻게 변하는지를 독창적으로 설명한 데 있습니다. '자연선택'이라고 하는 아주 단순한 메커니즘으로 말입니다. 그가 그린 생명의 큰 그림은 나무였습니다. 한두 개의 공통조상으로부터 시작한 생명이, 나무가 가지를 뻗듯이, 여러 가지들로 종분화해왔다는 것이 '생명의 나무' 이론입니다. 이 생명의 나무에서는 인간이나 원숭이나 들국화나 지렁이가 모두 하나의 잔가지에 불과합니다. 이것이 바로 다윈이 우리 인간에 대한 생각을 완전히 바꿔놓은 부분이지요. 다윈의 후예인 우리들은 자연계 앞에서 이제 겸손해질 수밖에 없게 되었습니다.

[사회자] 네 좋습니다. 이제 시청자들이 온라인 투표로 "갈릴레오와 다윈 중에서 누가 더 인류의 토대를 통째로 뒤흔들어 놓았는가?"라는 질문에 답변을 하실 차례입니다. 자 이제 2009년까지 10초 남았습니다. 9초 후에 온라인 투표를 마감하겠습니다. 8, 7, 6, 5, 4, 3, 2, 1…

독자들에게.

모두 짐작하셨겠지만, 칼 세이건과 리처드 도킨스의 대담은 실제 사건이 아닙니다. 쉼없이 우주와 인간를 탐구했던 천문학자 세이건은 1996년(62세) 백혈병으로 사망했습니다. 만일 그가 살아 있었더라면 세계 천문의 해인 2009년은 그의 해이기도 했을 것입니다. 세계 천문의 해와 다윈의 해에 갈릴레오와 다윈이 맞붙는다면, 세이건과 도킨스가 대변인 자격으로 맞붙을 만합니다. 이런 맥락에서 세이건을 불러내어 도킨스와 가상으로 대담을 펼쳐보도록 했습니다.

하지만 이 글이 단지 꾸며낸 이야기만은 아닙니다. 뉴사이언티스트의 설문과 판결은 실제로 있었습니다. 이 행사에 참여한 실제 배심원 목록은 다음과 같습니다. 로렌스 크라우스(애리조나주립대 천문학), 프란스 드 발(에모리 대학 영장류학), 폴 데이비스(애리조나주립대 물리학), 대니얼 데닛(터프츠대학 철학), 스티브 존스(런던대학 유전학), 마이클 루즈(플로리다주립대 철학), 스티븐 핑커(하버드대학 심리학), 매트 리들리(과학 저술가).

이들 중 많은 이들이 갈릴레오가 다윈보다 더 열악한 환경에 있었음을 인정했습니다. 하지만 갈릴레오의 독창성에 대에 문제가 제기되었습니다. 왜냐하면 지동설은 원래 코페르니쿠스가 50년 전에 주장하던 바였고, 망원경의 경우도 갈릴레오가 최초의 발명자는 아니었으니까요. 하지만 다윈에게도 비슷한 문제가 제기되었습니다. 종이 변한다는 생각, 그리고 원숭이와 우리가 많은 것을 공유하고 있다는 생각은 그 당시에 별로 새로운 게 아니었다는 지적이었습니다.

결국 판결은 어떻게 되었을까요? 근소한 차이로 다윈의 손이 올라갔다는군요. 배심원 중 누가 어떤 이유에서 누구를 지지했는지를 알고 싶으시다면 다음 홈페이지를 참조해보셔도 좋겠습니다.

http://www.newscientist.com/article/mg20026877.100-who-did-most-to-knock-man-off-his-pedestal.html

Charles Darwin

Chapter 4

이슈
ISSUE

William Paley

이슈 1

지적 설계 운동에 과학은 있는가?

일본이 조선을 강제로 점령하지 않았다고 기술되어 있는 역사 교과서가 있다 치자. 그 저자들이 지금 교육인적자원부를 방문하여 연일 시위를 하고 있다. 또 일부 인사들은 그 교과서의 채택을 목표로 고위층 로비에 열을 올리고 있다. '한쪽 입장만 가르치는 것은 공정하지 않다. 양쪽 입장을 모두 가르쳐라.' 이 얼마나 공정해 보이는 논리인가!

최근 일본에서 이와 유사한 움직임이 있었다. 하지만 우리 국민과 다수의 일본 지식인들은 주저하지 않고 그런 움직임에 '역사 왜곡', '사실 왜곡'이라는 꼬리표를 달아준다. 왜냐하면 강제 점령의 증인들이 지금도 살아 있기 때문이다. 수많은 증거들을 보았을 때 적어도 일제의 조선 강점에 대해 논란의 여지는 없어야 한다. 이 역사적 사실에는 양쪽 입장이 있을 수 없다.

엉뚱하게도 과학 영역에서 이와 비슷한 사건들이 지금 미국에서 일어나고 있다. 지적 설계를 믿는 창조론자들이 생명이 자연선택에 의해 진화했다는 진화론이 틀린 것이라고 주장하며 각 주의 교육위원회를 압박하고 있다. 급기야 보수 기독교 인사들의 로비에 편승한 조지 부시 대통령은 최근에 "국민들이 상충하는 견해들을 이해할 수 있도록 진화론과 지적 설계 가설 간의 논쟁을 함께 가르치는 게 좋다"라며 한 수 거들기까지 했다.

그런데 그 둘 간에 논쟁이란 게 실제로 있는가? 사실 이 공정해 보이는 듯한 태도 뒤에는 과학적 사실에 대한 외면과 왜곡이 숨어 있다. 지적설계론자들은 그 이전 성서를 문자주의적으로 해석했던 창조론자들과 마찬가지로 진화론과 창조론 사이에 마치 진짜 논쟁이 있는 것처럼 이야기한다. 그들의 전략은 대개 공개적으로 진화론을 오해하거나 오용해놓고는 생물학자들이 그에 대해 마지못해 몇 마디 대구하면 "그것 봐라. 여기에 논쟁이 있지 않느냐"라는 식이다. 또 '성의 진화', '인간 마음의 진화', '자연선택의 힘' 등과 같은 진화론 내부의 진짜 논쟁들을 부풀려 마치 진화론이 좌초 직전에 있는 양 떠벌린다. 그리고 마지막으로 한마디 덧붙인다. "그러니 지적설계론이 옳을 수밖에." 하지만 과학자의 눈으로 보면 이런 전략은 일본 보수 우익들의 망언과 비견될 만큼 과학의 진실을 왜곡하는 나쁜 행동이다.

지적 설계 운동에는 한마디로 진짜 과학이 없다. 거기에는 과학자라면 누구나 참여해야 할 논문 심사 시스템이 없다. 혹시 학회와 학술지가 있다면 그것은 늘 '그들만의 리그'일 뿐이다. 그러니 연구 프로그램과 그 성과물이 있을 리 없다. 반면 교과서는 있다! 또한 대중 강좌 프로그램은 바쁘게 돌아간다. 왜냐하면 과학의 내용과 논리에 익숙하지 않은 대중들이 그들의 고객이기 때문이다. 불행히도 이것은 바로 사이비 과학의 전형적인 징표이다. 지지자들이 자랑하는 지적 설계 운동의 삼인방, 필립 존슨Phillip Johnson, 1940~, 마이클 베히Michael Behe, 1952~, 그리고 윌리엄 뎀스키William Dembski, 1960~ 등도 이런 행태를 반복하고 있다.

페일리식의 설계 논증이 현대 생화학의 새 옷을 입고 무덤 앞에서 벌떡 일어나 사람들을 놀라게 한 사건이 있었다. 미국의 리하이 대학의 생화학 교수인 베히가 그 주인공이다. 베히는 1996년에 《다윈의 블랙박스Darwin's Black Box》라는 책에서 하나의 편모에도 '환원 불가능한 복잡성'이 존재하고 이런 복잡성은 다윈의 진화론으로 설명될 수 없으며 따라서 지적인 설계자가 만들어낸 것이라고 결론 내릴 수밖에 없다고 주장했다.

사실 이 책은 당시 미국 기독교 출판계를 포함한 출판계 전체를 강타할 만큼 큰 논란이 되었다. 각종 잡지 등에 앞 다투어 서평이 게재되었고, 심지어 몇몇 저명한 서평지에서는 이 책을 바라보는 진화론자와 창조론자들 간의 뜨거운 논쟁을 싣기도 했다. '다윈에 도전하는 엄청난 책'이라는 찬사부터 '변장한 창조론에 불과한 쓰레기 같은 책'이라는 혹평에 이르기까지 반응들도 다양했다.

사실 이 책은 1990년대 이후에 미국에서 새롭게 일기 시작한 지적 설계 운동의 한 산물로 봐야 할 것이다. 간단히 말해 '지적 설계 운동'이란 생명의 복잡성을 설명하는 가설로 다윈의 진화론이 아닌 지적인 설계를 내세우는 하나의 지적인 흐름이다.

버클리 대학의 법학 교수인 존슨은 1990년대 초반부터 이미 다윈의 진화론을 심판대 위에 올려놓기 시작했다. 그가 탁월한 법 논리를 전개하는 법학자이긴 하지만 과학의 논리를 잘 아는 과학자는 아니라는 사실 때문에 지적 설계 가설은 번번이 과학자 공동체에서 문전박대를 당하곤 했다. 하지만 많은 연구 경력을 소유한 진짜 과학자라고 볼 수 있는 베히의 주장에 대해서는 과학자 공동체가 어떤 식으로든 대응을 해줘야 했다.

《다윈의 블랙박스》에서 언급된 '환원 불가능한 복잡성'이란 어떤 체계를 이루는 여러 부분들 중 하나라도 없어지면 그 체계가 기능을 하지 못하는 그런 복잡성을 뜻한다. 그에 의하면 마치 쥐덫을 이루는 다섯 개의 핵심 부분(해머, 스프링, 걸쇠, 나무판자, 금속막대) 중 하나라도 고장 나면 쥐덫으로서의 기능이 정지되는 것과 마찬가지로 세포 수준의 복잡성도 이런 것이어서 다윈의

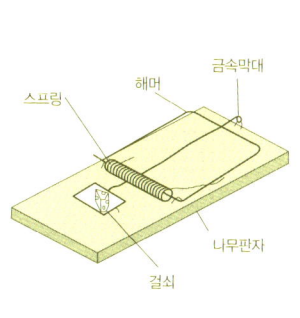

쥐덫
(하나라도 빠지면 작동되지 않음)

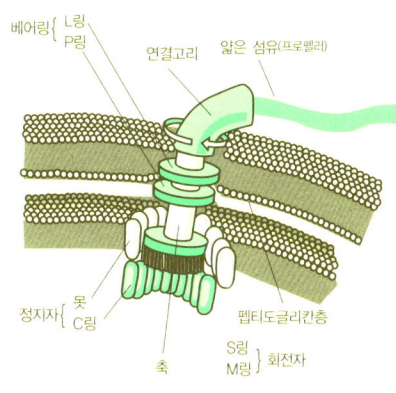

편모를 모형화한 것

점진적인 자연선택론으로는 세포 하나의 존재도 제대로 설명하지 못한다. 마치 생화학자가 된 페일리를 보는 듯하다.

생물학자들은 세포 수준의 복잡성과 그것의 진화에 대해 그동안 많은 연구들을 해왔으며 그에 대한 진화론적 설명들을 계속 발전시켜왔다. 가령, 박테리아 편모가 진화하기 위해서는 편모 운동에 관여하는 모든 단백질이 완비되어있어야 한다는 베히의 주장이 근거 없다는 사실이 밝혀졌다. 편모의 진화를 연구한 학자들에 따르면, 모든 단백질이 완비되지 않아도 편모는 기능을 할 수 있다. 가령 단백질 하나가 부족한 박테리아 편모는 프로펠러 기능은 못하지만 대신 주사기의 역할을 한다. 즉, 박테리아 편모도 충분히 점진적으로 진화할 수 있는 것이다. 그래서 많은 이들이 왜 베히가 엄연히 존재하는 진화론적 설명들을 진지하게 고려하지 않았는지, 또 더 나은 진화론적 설명을 찾기 위해 왜 노력하지 않았는지 잘 모르겠다고 불평한다. 물론 진화론자들의 설명이 만족스럽지 못할 수도 있다. 하지만 그렇다고 해서 지적 설계 가설에 손이 '자동적으로' 올라가지는 않는다. 과학은 어떤 설명이 '더 그럴듯한가?'의 개연성 싸움이지 '전부냐 전무냐'라는 확실성 싸움이 아니기 때문이다. 어쨌든 베히는 대중서를 통해 그런 대담한 주장을 펼치기에 앞서 동료 연구자들이 진지한 조언을 해줄 수 있도록 자신의 이메일을 열어놨어야 했다.

환원 불가능한 복잡성에서 신학적 변증을 이끌어내는 과정에 있어서도 베히는 너무 성급한 것 같다. 그의 주장은 '기존의 과학으로 설명하기 곤란한 부분이 있다면 그곳은 지적 설계에 의해서 잘 설명된다'는 것처럼 들리는데, 그렇다면 그는 신을 설명의 간격을 메우는 대상 정도로 축소시키고 있는 셈이다. 만일 세포 진화에 대해 베히도 흔쾌히 받아들일 만한 진화론적 설명이 조만간 누군가에 의해 제시된다고 하자. 그렇다면 틀림없이 그 간격은 줄어들 것이고 따라서 신의 활동 범위는 점점 줄어들 것이다. 이런 불행한 결론에 이르지 않기 위해 지적 설계 가설을 그보다 훨씬 더 과학적인 가설로 만드는 것이 과연 가능할까?

흥미롭게도 확률론 전문가인 과학철학자 뎀스키는 바로 이 취약점들을 정면 돌파하며 지적 설계 운동을 한 단계 격상시키려 했다. 그에 따르면, 자연적으로 생긴 복잡성을 능가하는 또 다른 종류의 복잡성이 이 세상에 존재하며 그런 현상들은 '설계 추론design inference'을 통해서만 설명될 수 있다. 하지만 그의 현란한 확률 테크닉 뒤에는 작동 불가능한 끼워 맞추기식 과학 방법론만이 덩그러니 남아 있다. 확률론 전공자들은 우연성, 복잡성, 특정성을 구분하는 그의 '설명 필터' 이론이 작위적이라고 비판한다.

《과학혁명의 구조 The Structure of Scientific Revolution》(1962)를 쓴 과학철학자 쿤Thomas S. Kuhn, 1922~1996이 옳다면 과학혁명은 그렇게 쉽게 오지 않는다. 그에 의하면, 기존 패러다임에 수많은 변칙 사례들이 나타나서 위기가 도래해도 그것들을 해결해주는 대안적 패러다임이 등장하지 않으면 결코 혁명은 일어나지 않는다.

> **과학혁명의 구조**
>
> 토머스 쿤의 《과학혁명의 구조》는 '패러다임(paradigm)'이라는 말을 현재와 같이 일상적으로 사용하게 된 계기가 된 책이다. 이 책에서 쿤은 과학의 변화나 발전이 지식이 축적되고 누적된 성과가 아니라 비연속적이거나 혁명적인 결과라고 말한다. 그는 "과학혁명은 하나의 옛 패러다임이 이와 양립할 수 없는 새로운 패러다임에 의해서 전반적 또는 부분적으로 대체되는 비축적적인 변화의 에피소드들"이라 말하고 있다.

현대 진화론에는 아직 위기가 오지 않았다. 아니, 아직 갈 때까지 가보지도 못했다고 해야 옳을 것이다. 그런데 몇몇 신앙인들이 그것의 대안이라며 지적 설계 가설을 들고 나온다. 혁명 운운하면서 말이다. 지적 설계 운동은 진화론 흠집 내기일 뿐, 그 이상도 그 이하도 아니다. 네거티브 캠페인은 거의 언제나 실패하는 법이다.

이슈 2

남자들의 바람기는 유전자 때문인가?

몇 해 전 시사 주간지〈타임〉을 비롯한 세계 유수 잡지들이 '남자의 바람기에는 진화적인 이유가 있다'는 식의 자극적인 기사들을 대대적으로 실은 적이 있었다. 물론 이 기사들이 독자들을 붙들기 위해 일부러 선정적으로 쓰인 것은 아니었다. 통계 조사 등을 통해 남자가 여자보다 더 많이 외도를 즐긴다는 사실과 왜 이런 현상이 있는지를 진화론적으로 분석함으로써 독자들의 궁금증을 풀어주는 식이었다.

요즘도 이런 종류의 기사들이 심심치 않게 나온다. 그런데 이런 기사들을 대하는 독자들의 반응을 보면 매우 흥미롭다. 어떤 독자들은 이런 기사가 자신(혹은 남성)의 바람기를 정당화해준다고 보고 내심 환영하는 반면, 다른 이들(특히 여성)은 이 기사가 바람피우는 남자들을 비난할 수 없도록 해버렸다고 몹시 불쾌하게 여긴다. 남자의 바람기는 유전자 때문인가? 자연은 남성우월주의자인가, 페미니스트인가?

흔히 사람들은 짝짓기의 경우에 선택권이 수컷에게 있을 것이라고 생각한다. 이런 통념은 아마도 인간의 경우 주로 남성이 여성을 선택한다는 판단에서 비롯된 편견일 수 있다. 하지만 다윈의 후예들은 이 대목에서 매우 다른 이야기를 한다. 예컨대 로버트 트리버즈 Robert Trivers, 1943~ 의 양육투자 이론 parental investment theory 에 따르면, 부모가 되기 위해서 투자를 더 많이 하는 쪽이 번식에 있어서 선택권을 갖는다. 여기서 투자란 배우자(gamete, 2개가 서로 만나 새로운 개체를 만드는 생식세포) 생산 노력과 구애 노력을 말한다. 동물계에서 많은 경우에 암컷이 그 선택권을 갖게 되지만, 모르몬 귀뚜라미의 사례처럼 구애를 위해 엄청난 노력을 한 수컷이 종종 번식의 선택권을 갖기도 한다. 따라서 다윈의 성선택 이론은 '암컷 선택과 수컷 경쟁'보다는 '성간性間 선택과 성내性內 선택'으로 개념화할 때 더 포괄적일 것이다. 자연은 번식의 선택권을 어떤 성에게 줄 것인지에는 관심이 없어 보인다. 다만 투자를 더 많이 한 쪽의 성에 선택권을 줄 뿐이다. 이런 의미에서 자연은 남성우월주의자도 그 반대도 아니다.

사실 배우자를 선택하는 일은 남성과 여성에게 서로 다른 적응 문제를 제기한다. 특히 '단기적인 짝짓기 전략'을 구사할 때 이런 차이는 두드러진다. 이 전략은 남성과 여성이 모두 사용할 수 있긴 하지만 똑같은 방식으로 적용되지는 않는다. 남성의 경우 단기적 짝짓기 전략을 구사한다. 이것은 한 여자와 성관계를 한 후에 거기서 생겨난 아이에 대해서는 무관심한 태도인데, 임신을 하는 쪽은 여성이기 때문에 여성은 이런 상황을 미리 방지해야 할 이유가 있다. 자신의 짝이 장기 짝짓기 전략을 사용하는지 아니면 단기 짝짓기 전략을 구사하고 있는지를 제대로 구별하지 못하는 여성은 미혼모가 될 위험에 처할 것이다. 여성의 입장에서는 이런 불운을 방지하는 장치가 있어야 한다. 여성이 남성에 비해 성관계에 더 신중한 태도를 보이는 것은 그런 기제 중 하나일 것이다.

그렇다면 단기 짝짓기 전략을 구사하는 여성들에게는 아무런 이득이 없을까? 인간의 전 역사를 통해 남성들의 바람기가 사라지지 않았던 것은 분명하며 역설적으로 이런 사실은 여성 조상들 역시 일부일처제에 완전히 충실하지는 않았음을 말해준다. 하지만 여성이 바람을 피울 때 그 자신이 얻을 수 있는 이득이 무엇인지가 그리 분명하지는 않다. 인간과 사촌 종인 보노보 Bonobo의 행동 연구에서 최근에 밝혀졌듯이 여성에게 섹스는 번식만을 위한 것이 아니라 친밀함과 자원 등을 획득하는 수단일 수 있다. 또한 여성은 혼외정사를 통해 좀 더 다양하고 우수한 유전적 자질을 가진 자식을 낳을 수 있다. 만일 혼외정사를 통해 낳은 자식의 정체를 장기 파트너(남성)가 눈치 채지 못한다면 혼외정사는 여성의 입장에서 분

> 🟢 **보노보**
>
> 영장목 성성잇과 포유동물. 학명은 *Pan paniscus*이며, 일명 '피그미침팬지'라고도 한다. 원래는 침팬지의 한 아종으로 되어 있었는데 1933년 독립된 종으로 분류됐다. 침팬지와 비교하면, 얼굴색이 더 검고, 구악부의 돌출 정도가 덜하며 귓바퀴가 작고 머리가 둥글고 이마가 높다. 이런 특징 때문에 유인원과 사람의 공통된 조상에 가깝다는 주장이 나오고 있다.

명 손해볼 일은 아니다.

　이런 잠재적인 이득에도 불구하고 여성의 혼외정사는 남성의 그것에 비해 위험 부담이 훨씬 더 클 수밖에 없다. 왜냐하면 자기 뱃속에 아기를 품고 있어야 하는 쪽은 분명 여성이며 만일 자원을 지속적으로 공급해줄 이성 짝이 없으면 자식을 혼자서 낳고 길러야 할 개연성이 높아지기 때문이다. 게다가 그런 여성에게 자원의 출처인 장기 배우자가 있다 해도 만일 자신의 혼외정사가 들통이 나면 어떤 형태로든 처벌을 감수해야만 한다. 따라서 단기 짝짓기 행위에 대해서는 남성보다는 여성이 더욱 신중할 수밖에 없고 자연선택은 여성의 이런 심리 기제를 선호했을 것이다.

　하룻밤을 함께 지낼 파트너를 고르는 게 아니라 장기적인 짝을 선택하려 한다면, 남성이나 여성은 모두 충실한 짝을 골라야만 한다. 자신의 짝을 고를 때 우리 조상들은 상대방의 유전적 자질뿐만 아니라 자녀를 키우는 데 얼마나 많은 자원과 에너지를 투자할 수 있는지, 그리고 그럴 자세가 되어 있는지를 따지지 않을 수 없었을 것이다. 친절함, 인내, 관대함, 신뢰 등이 배우자의 덕목이 되는 이유가 여기에 있다. 이런 요소들은 장기 짝짓기 전략과 관련이 있다.

　인간의 경우에는 단기 짝짓기 전략과 장기 짝짓기 전략이 모두 사용되고 있다. 그런데 여성의 혼외정사가 여성 자신에게 이득을 주는 경우는 남성의 경우보다 적을 수밖에 없다. 물론 피임법의 발명은 여성을 임신의 공포로부터 어느 정도 자유롭게 해줌으로써 여성의 성행동 패턴에 큰 영향을 주었을 것이다. 하지만 그럼에도 불구하고 평균적으로 여성이 남성보다 더 자주 혼외정사를 즐긴다거나 그럴 만한 진화적 이유가 존재한다고까지 주장할 수는 없다. 남성과 여성이 오랜 진화의 역사 동안에 직면해왔던 서로 다른 적응 문제들과 그 문제들에 대한 해결책으로서의 적응들은 쉽게 제거되지 않는다.

수컷의 암컷에 대한 '강압적 성행동'은 페미니즘과 관련하여 사회생물학자들 사이에서 뜨거운 감자처럼 취급되었다. 실제로 강압적인 성행동의 사례들은 여러 종들에서 발견된다. 최근에는 남성의 강간이 적응인가 아닌가를 놓고 한바탕 소동이 벌어졌었다. 수컷의 이런 행동에 대한 여러 가지 쟁점들이 있겠지만, 페미니즘과 연관된 물음은 이런 수컷의 강제 행동에 대항하기 위한 암컷의 행동 기제가 과연 있는가, 있다면 무엇인가에 관한 것이다. 만일 그런 행동에 저항하는 암컷의 행동 기제가 진화하지 않았다면 암컷은 늘 번식에 희생자가 될 수 있는 위험을 안고 산다고 할 수 있다. 암컷 선택$^{female\ choice}$이 진정한 '선택'이기 위해서는 수컷의 강압적 성행동에 대한 저항 기제도 암컷이 구비하고 있어야 할 것이다.

그렇다면 진화론은 페미니즘과 친구가 될 수 있을까? 그러려면 우선 다양한 환경에 놓인 수많은 유형의 암컷과 여성들이 어떻게 주체적으로 성행동을 하고 있는지를 기술하고 분석하는 작업이 선행돼야 한다. 하지만 그런 작업을 남성우월주의나 페미니즘을 적극적으로 정당화하는 일에 도구로 사용해서는 곤란하다. 왜냐하면 자연 자체는 너무도 다양하고 이질적인 구성원들로 구성되어 있기 때문에 페미니즘과 관련하여 그 누구의 편도 들어줄 수 없기 때문이다. 자연은 자연일 뿐이다!

이슈 3

한국에 온 다윈,
그 오역과 오해, 그리고 오용의 역사를 넘어

진화론만큼 우리나라에 수용되는 과정에서 온갖 물의를 일으켜 온 이론도 없을 것 같다. 중·고등학교 생물 교과서에도 나오는 온 국민의 '교양'인데도 파란만장한 질곡의 역사를 갖고 있다는 점이 오히려 흥밋거리다. 진화생물학의 전문가도 없이 중·고등학교 교과서에서 진화론이 겨우 소개될 시점에서도 한국의 생물학계는 보수적인 기독교인들을 등에 업은 창조과학creation science이라는 복병을 만나 큰 홍역을 치르기도 했었다. 그동안 한국에서 진화론이 걸어온 길은 참으로 험난했다. 왜 이런 일들이 벌어졌는지, 그리고 왜 여태까지 한국에서 진화론을 공부하는 게 그리도 어려운지, 진화론이 오역되고 오해되고 오용되어온 역사를 간략하게 되돌아보기로 하자.

지구 위의 생명이 자연선택에 의해 진화해왔다는 다윈의 진화론은 참으로 단순하다. 원래 단순성은 좋은 과학 이론의 징표이기도 하지만, 그 단순성 때문에 사람들은 착각에 빠지기도 한다. 대중 매체에 나온 몇 문장을 알아들었다고 자기가 마치 진화론의 대가인 양 떠드는 사람도 있다. 그 정도로 대담한 사람은 아닐지라도 몇 시간만 공부하거나 들으면 금방 이해하게 되는 그렇고 그런 이론이라고 여기는 이들도 없진 않다.

어떤 사람이 양자역학이나 상대성 이론을 그렇게 이해했다고 떠든다 치자. 틀림없이 '미친 놈' 소리 들을 것이다. 혹시, 정말로 천재라면 모르지만 말이다. 진화론이 이들 이론보다 더 어렵다는 이야기는 아니다. 제대로 공부하고 배우면 초등학교 아이들도 고개를 끄덕일 수 있는 게 진화론의 기본 원리다. 하지만 내용을 이해했다고 착각하기에 가장 쉬운, 가장 위대한 이론이 또한 진화론이다. 이런 자신감 넘치는 착각 뒤에는 오역이라는 첫 단추가 꿰어 있다.

진화론 관련 서적이 본격적으로 나오기 시작했을 즈음에 가장 눈에 띄는 오역은 '자연도태'라는 용어일 것이다. 이 용어는 'natural selection'의 번역어인데, selection을 '도태淘汰'라고 함으로써 생명 진화의 창조성과 생산성을 암암리에 훼손시켰다. '도태'의 사전적 의미는 '여럿 가운데서 불필요하거나 부적당한 것을 없애거나 밀어내는 것'이다. 그렇다면, 자연도태는 자연이 그런 일을 한다는 뜻이다. 하지만 실제 자연이 하는 작업이란 없애는 일(도태)이 아니라 고르는 일(선택)이다. 어떤 개체가 자연선택에 의해 진화했다는 것은 그 개체가 환경에 잘 적응해서 자신의 유전자를 다음 세대들에 잘 전달했다는 뜻이다. 원래 다윈의 진화론이 뜻하는 자연선택에는 무언가가 선택되고 보존되어 새로운 형태로 진화할 수 있다는 긍정적 의미가 포함되어 있다. 물론 실제로 새로움을 생산하는 메커니즘은 일차적으로 맹목적 변이의 몫이다. 그래서 어떤 학자는 다윈의 자연선택 이론을 '맹목적 변이와 선택적 보존blind variation and selective retention'이라는 말로 요약한다.

1990년대 중·후반부터 자연과학 관련 서적들이 봇물 터지듯 쏟아져 나오기 시작했다. 그중 생명과학과 관련된 책들도 상당수 포함되어 있었는데, 진화론도 그 시기에 본격적으로 소개되었다. 주로 외국의 대표적 진화학자들, 예컨대 도킨스의 《이기적 유전자》, 《눈먼 시계공》, 《확장된 표현형》, 굴드의 《판다의 엄지The Panda's Thumb》(1980), 《풀하우스》, 《생명, 그 경이로움에 관하여》, 윌슨의 《사회생물학》, 《자연주의자》, 《통섭》 등의 저작들이 번역 출간되었다. 지금도 간혹 자연도태라는 용어를 사용하는 사람이 있긴 하지만, 다행스럽게도 어느새인가 그 원래 의미의 자연선택이라는 용어가 자리잡기 시작했다.

한국에서 진화론이 어떤 식으로 수용되어왔는지를 보면 몇 가지 흥미로운 사실을 접하게 된다. 1980년대에서 1990년대 초반까지, 도킨스나 굴드의 책과 같은 진화론 관련 양서들이 번역되기 전에는 한국의 창조과학 옹호자들이 진화론에 대해 가장 관심이 있는 집단이었다. 창조과학회가 창립되어서 열정적인 활동을 했던 시점도 바로 그때였다. 그 당시 한국 학계의 진화론 이해는 매우 피상적인 수준이었기 때문에 생물학자들은 오해와 무지에 근거해서 진화론을 공격하던 창조론자들에게도 당할 수밖에 없었다.

1990년대 후반부터 진화론 관련 주요 저작들이 하나 둘씩 번역되어 나오기 시작하면서 창조론자들의 비판은 오히려 줄어들고 다른 부류의 비판 세력들이 등장하게 된다. 바로 성^{gender} 연구가들이다. 그들은 진화론 논의를 새로운 차원에서 활성화시키기도 했지만 안타깝게도 진화론의 위상에 흠집을 내기도 했다. 진화론(특히 사회생물학)에 대한 몇 가지 흔한 오해들 때문이다.

사회생물학은 앞서 말한 하버드 대학의 개미 연구가인 윌슨 교수가 붙인 이름으로 원래 동물(인간을 포함한)의 사회적 행동을 진화론적인 관점에서 연구하는 학문 분야다. 1975년에 출간된 그의 《사회생물학》의 마지막 장에서 윌슨은 가까운 미래에 사회과학이 생물학의 한 분과가 될 것이라는 대담한 주장을 펼쳤다. 이런 민감한 주장 때문이었는지, 사회생물학에 대한 오해의 역사 뒤에는 언제나 사회과학자들이 있어왔다. 어떤 이는 사회생물학을 사회진화론, 유전자 결정론, 무분별한 적응주의, 성차별 이데올로기, 도덕적·정치적 수구주의라고 매도하면서 선을 넘은 오해를 양산하고 있다.

우선 비판자들은 사회생물학이 사회진화론과 기본 논리를 공유하고 있다고 주장한다. 하지만 이런 비판은 한마디로 틀렸다. 윌슨의 대담성 때문에 초기 사회생물학이 그런 오해를 받은 것은 사실이다. 하지만 사회생물학은 윌슨이 만들어낸 학문이 아니다. 영국의 진화학자였던 해밀턴의 혈연선택론의 세례를 받은 수많은 동물행동학자들이 사실은 사회생물학의 주연들이다. 그들 중 누구도 진화론을 가지고 사회개혁에 반하는 주장이나 행동을 한 사람은 없다. 오히려 몇몇은 인간 본성에 대한 진화론적 이해를 바탕으로 실천 가능하고 작동 가능한 개혁적 정책을 제안해왔다.

무엇보다도 유전자 결정론은 사회생물학에 죄를 뒤집어씌우기에 가장 편한 혐의다. 하지만 실제로 'DNA의 이중나선에 운명이 숨겨져 있다'고 믿는 사회생물학자가 얼마나 될지 의심스럽다. 인간의 행동이 유전적으로 결정되어 있다는 주장은 사실 차원에서 틀린 주장이며, 이런 유전자 결정론을 진화론이 함의한다는 믿음은 분명한 오해다. 이런 식의 문제는 기껏해야 사이비 문제일 뿐이다. 진화론은 실제로 환경과의 상호작용을 옹호한다. 진짜 문제는 이 상호작용이 어떤 식으로 일어나는가에 있다.

사회생물학의 강력한 비판자인 르원틴이 '반응 양태'norm of reaction 혹은 '표현형적 가소성' 등의 개념을 들어 상호작용의 종류를 구분한 후에 유전자의 지위를 강등시키는 작업을 하는 이유가 바로 여기에 있다. 즉 특정한 유전자, 혹은 유전자 집합이 특정 표현형과 얼마나 안정적이고 단순한 관계를 갖고 있는가를 물어야지, 유전자(혹은 유전자들)가 환경(유전자·세포·생태적 환경)과 상관없이 표현형을 결정하는가 마는가는 철이 지나도 한참 지난 우문이다. 가장 극단적인 유전자 선택론자인 도킨스도 이런 의미에서 유전자 결정론자는 결코 아니다.

한편 성선택론이 성차별 이데올로기를 정당화한다는 비판도 적절하지 못하다. 이런 비판은 진화론의 내용뿐만 아니라 역사까지도 제대로 알지 못해서 빚어진 해프닝이다. 다윈은 대부분의 동물들에서 암컷이 배우자 선택의 주도권을 쥐고 있다는 사실을 발견하고 그 작동 원리를 설명하기 위해 성선택 이론을 제시했다. 하지만 그 당시 영국의 남성우월주의 문화 때문에 자신의 급진적인 이론이 폄하되지는 않을까 전전긍긍하기도 했다. 실제로 성선택 이론은 다윈의 염려대로 오랫동안 묻혀 있다가 1960년대 중반에 이르러서야 재발견되고 본격적으로 연구되기 시작한다. 어떤 학자는 이런 역사가 페미니즘이 발흥하던 시점과 무관하지 않다고까지 주장하기도 한다.

성선택에 대한 연구는 현재의 동물행동학에서 가장 활발히 연구되고 있는 분야다. 관련 학술지에 게재된 논문들의 반수 이상이 이에 대한 연구라고 해도 과언이 아닐 정도다. 이들이 모두 성차별주의자란 말인가? 오히려 그 반대의 역할을 묵묵히 수행하고 있다고 보는 편이 더 옳을 것이다.

하지만 사회생물학 비판자들에게서 가장 심각하게 나타나는 문제는 그들이 이른바 '자연주의적 오류^{naturalistic fallacy}'에 대해 민감하지 못하다는 점이다. 논리학적으로는 '사실언명'만으로 '당위언명'을 이끌어낼 수 없는데, 이를 어기는 것이 자연주의적 오류다. 쉬운 예로 누구나 거짓말을 한다는 사실언명으로부터 거짓말하는 행위가 좋다 나쁘다는 가치언명이 도출될 수 없다는 것이다. 하지만 비판가들은 '사회생물학의 설명에 따르면 성선택 과정을 순조롭게 하기 위해 일반적으로 수컷은 공격적이고 암컷에 대해 지배적이어야 한다. 반면 암컷은 수동적이며 수컷에 대해 종속적이어야 한다'라고 비판한다. 하지만 사회생물학은 결코 '지배적이어야 한다' 혹은 '종속적이어야 한다'와 같은

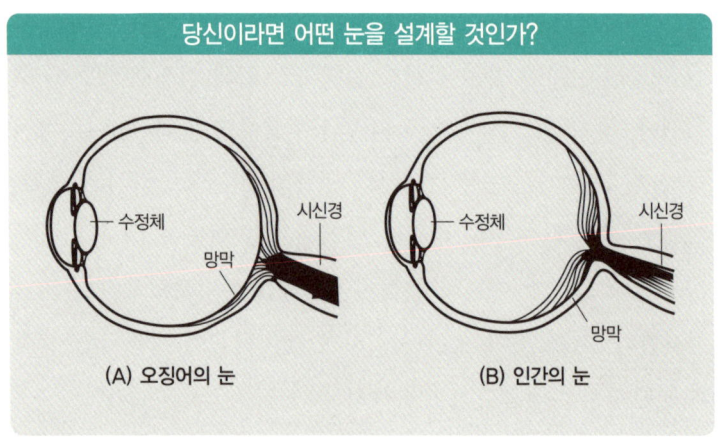

당위 주장을 한 적이 없다. 또한 '자연적 사실'로 인간 사회의 매춘을 정당화해주는 학자는 단연코 없다. 물론 그렇게 하는 저널리스트는 있을 수 있다. 사회생물학을 제대로 비판하기 위해서는 선정주의에 눈이 먼 일부 신문 기자들의 기사를 인용한 후에 그것을 마구 비판만 하는 낡은 수법을 써서는 안 될 것이다.

진화론을 이해할 때 흔히 빠지기 쉬운 오류 한 가지만 더 언급해야 할 것 같다. 사회생물학자들이 '적응은 최적이다'라는 믿음을 가지고 있기 때문에 그 이론이 '현상status quo 유지'를 위한 이데올로기로 작용한다고 비판한다. 하지만 진화론에서 말하는 적응adaptation은 최적optimality과는 다른 개념이다. 실제로 진화적 적응은 변화하는 환경, 발생적 제약, 유전자의 다면발현(한 유전자가 여러 표현형의 산출에 영향을 주는 경우)과 같은 원인들 때문에 최적 상태이기 쉽지 않으며, 진화생물학자들은 누구보다도 이 점을 잘 알고 있다. 예컨대 시신경이 망막의 앞쪽에 나오도록 설계되어 있는 인간의 눈은 놀라운 적응이긴 하지만 최적은 아니다. 아마 어떤 공학도도 눈을 만들라고 했을 때 그런 식으로 만들지 않을 것이다. 왜냐하면 인간의 경우에 시신경이 망막 앞에 놓여 있기 때문에 시신경 다발이 묶인 지점에 맹점이 생길 수밖에 없고 망막에 붙은 시신경이 후루룩 흘러내려 실명의 원인이 되기도 하기 때문이다. 이 점에서는 시신경이 망막 뒤에 위치한 오징어의 눈이 훨씬 더 잘 설계되었다고 할 수 있다.

한편 어떤 심리적 기제가 적응이라고 해서 그런 적응 때문에 행동이 변할 수 없다고 말하는 것도 틀린 주장이다. 여성들이 지위가 높은 남성들을 선호하는 성향이 있다고 해서, 그리고 그런 성향이 여성의 입장에서 적응일 수 있다고 해서, 그런 남성을 선호하는 여성의 행동을 어쩔 수 없는 것이라고 말해서는 안 된다. 오히려 어떤 상황에서 여성들이 그런 남성을 선호하고 다른 상황에서 비교적 그렇지 않은지를 진화론적으로 연구한 후에, 환경의 변화를 통해 여성의 행동을 변화시킬 수 있다. 사회생물학은 이런 의미에서 진정한 환경주의일 수 있다. 적응은 결코 '최적임' 또는 '변화시킬 수 없음' 따위를 함의하지 않는다.

진화론은 하나의 좋은 과학 이론이다. 그래서 치열한 논쟁이 늘 따라다닌다. 이론을 둘러싼 과학자들 간의 갈등은 이제 비밀이 아니다. 오늘날의 진화론은 그런 와중에 창조론자들에 오용당하기도 하고 저널리스트들에게 뒤통수를 맞기도 하는 등 역동적인 역사를 가지고 있다. 더욱이 국내처럼 진화론 논의가 아직 시작 단계인 곳에서는 오역이라는 복병을 만나 고생하기도 했다. 이 모든 것들이 뒤범벅이 되어 진화론은 마치 살아 있는 생명체와도 같이 오늘도 진화하고 있다.

이론은 이렇게 진화해서 저 멀리 가 있는데 그것을 이해하고 판단하는 사람들의 관념은 그대로라면, 그런 관념은 얼마 지나지 않아 지식의 풀^{pool}에서 조용히 사라지게 될 것이다. 모방자의 운명이란 그런 것이니까.

이슈 4

시조새와 말의 진화가
교과서에서 빠질 수 없는 이유

한국의 창조과학 옹호 단체인 교과서진화론개정추진위원회(이하 교진추)가 2012년 12월과 2013년 4월에 각각 고등학교 과학 교과서의 시조새 부분과 말의 진화 부분에 대해 삭제 및 수정을 요구하는 청원서들을 교과부에 제출했다. 이에 교과서의 저자들이 2013년 1월과 5월에 각 청원서의 요구 사항대로 관련 내용을 삭제 또는 수정하겠다는 답변을 교과부를 통해 교진추 측에 전달했다. 5월 중순에 이런 사실이 일반에 알려졌지만 당시 국내 언론과 학계는 이 문제에 전혀 주목하지 않았다. 그러다 6월 7일 세계적 학술지 〈네이처Nature〉가 '집중 취재' 코너에서 "한국이 창조론자들의 요구에 항복하다"라는 다소 선정적인 제목의 한 페이지짜리 기사를 실으면서 큰 파장이 일기 시작했다. 국내외 언론들이 이 기사를 받아 보고는 대대적인 보도를 하기 시작했기 때문이다. 이에 관련 학계도 두 차례 공식적인 대응을 하기에 이른다. 하나는 교진추 청원서에 대한 반박문을 작성하여 언론에 배포한 일이었고, 다른 하나는 교진추 청원서에 대한 기각 청원서를 교과부에 제출한 일이었다. 결국 교과부 담당자는 "전문협의기구를 통해 현행 과학교과서에 기술된 내용을 검토하고 학계의 지배적인 의견을 수렴"하겠다면서 교진추 청원을 수용하지 않을 뜻을 내비쳤다. 이것이 2012년에 우리 사회를 떠들썩하게 했던 이른바 과학교과서 파문의 개요다.

교과부는 최종 승인 절차가 남아 있어서 변경이 확정된 것이 아니라고는 하지만, 교과서 저자들이 특정 종교 단체의 청원에 따라 내용을 변경하기로 결정했다는 것 자체만으로도 충분히 큰 충격이다. 대체 왜 이런 일이 과학 선진국이라는 우리나라에서 버젓이 일어난 것일까? 이번 파문과 관련해서 적어도 두 가지 주제에 대한 논의가 필요해 보인다. 하나는 교진추의 청원 내용이 얼마나 그럴듯한가에 관한 것이며, 다른 하나는 창조론의 최신 버전인 지적설계론을 과학적이랄 수 있는가에 관한 것이다. 여기서는 첫 번째 쟁점에 대해서 생각해보자.

교진추는 두 건의 청원서에서 각각 시조새의 진화와 말의 진화에 대한 기존 교과서의 기술에 치명적 문제점이 있다고 비판했다. 먼저 시조새 *Archaeopteryx*의 계통학적 위치에 관한 교진추의 반론부터 간략하게 짚어보자. 그들은 "학계가 시조새를 멸종된 조류 또는 깃털 달린 공룡으로 간주하기 때문에 시조새가 공룡과 조류의 중간 종이라는 교과서의 기술은 삭제되거나 수정되어야 한다"고 주장한다. 한 마디로 시조새는 공룡과 조류의 중간 종이 아니라는 것이다.

물론 이것은 터무니없는 주장이다. 그들은 시조새가 중간 종으로서의 지위를 상실했다는 식으로 이야기하지만, 전 세계 고생물학계의 한결같은 결론은 시조새가 수각류 공룡과 현생조류의 중간적인 특성을 갖고 있는 멸종된 원시조류라는 것이다. 시조새는 현생조류와 달리 이빨이 있고 긴 꼬리뼈를 가졌으며 세 개의 앞발톱이 공룡처럼 발달해 있고 흉골이 매우 작다. 그래서 깃털을 제외한 골격학적 특성만으로는 수각류 공룡에 더 가깝다. 하지만 시조새는 수각류 공룡에서 현생조류로 이어지는 계통적 관계에서 그 중간 어딘가를 차지하는 멸종된 원시조류이다. 그리고 이런 원시조류들은 시조새 말고도 수십 종이 더 발견되었다. 고생물학계 내부의 실제 논쟁은 이 시조새가 그 수십 종들과 어떻게 다른지, 그리고 계통학적 위치가 정확히 어디인가에 관한 것일 뿐, 시조새가 중간 종인가 아닌가, 또는 진화의 사례인가 아닌가가 아니다. 따라서 시조새는 공룡에서 조류로 이어지는 진화의 과정을 보여주는 중요한 증거이며, 이에 대해 기술한 현행 과학교과서의 내용에는 큰 문제가 없다.

말^{horse}의 진화에 대한 교진추의 주장은 또 어떤가? 그들은 "말이 몸집이 커지고 발가락 수가 감소하는 방향으로 점진적으로 진화했다는 말의 화석 계열은 상상의 산물"이라고 주장한다. 하지만 말의 진화가 하이라코테리움^{Hyracotherium}에서 현생 말^{Equus}로 직선적으로 진화했다고 주장하는 현대 고생물학자는 없다. 또한 말의 몸집과 발가락 수가 어떤 추세^{trend}를 보이며 진화했다고 주

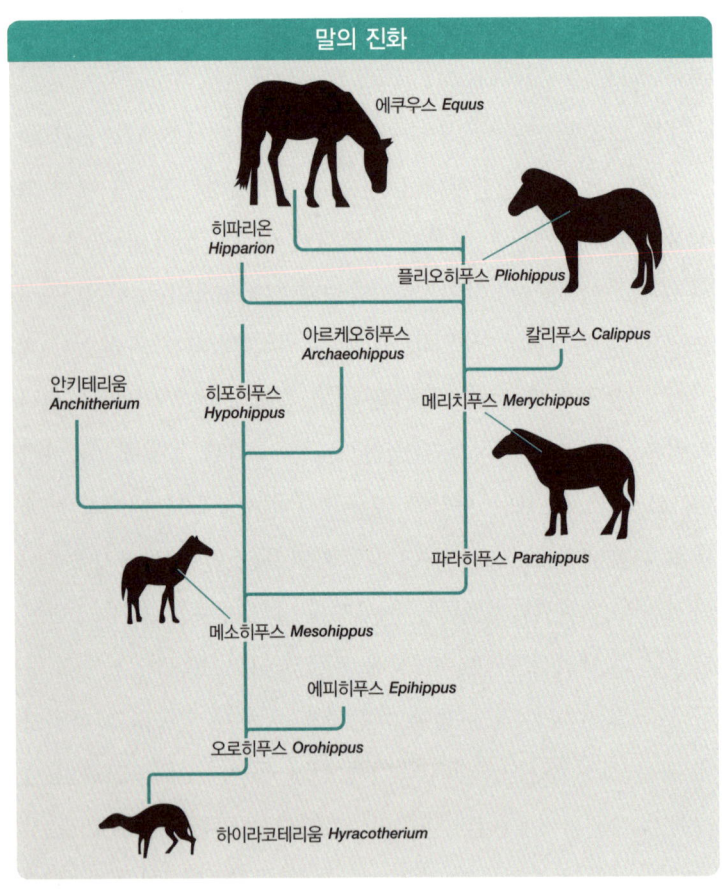

장하기 위해서는 더 많은 논의가 필요하다는 사실쯤은 모두 알고 있다. 왜냐하면 현생 말은 역사상 존재했던 여러 종의 멸절한 다른 말들과는 달리 정말 운 좋게 살아남은 종일뿐이기 때문이다. 몸집이 커지고 발가락 수가 작아지는 방향으로 진화했어야 할 본질적 특성은 없다는 이야기다.

다만 몇몇 교과서에 실린 말의 '직선형' 진화 패턴은 학생들에게 오해를 불러일으킬만한 소지를 갖고 있다. 이는 교과서 집필

진들이 진화론의 핵심 중 하나인 '생명의 나무$^{tree\ of\ life}$' 개념을 명확히 표현하지 못했거나, 고생물학계의 새로운 연구 결과들을 충실히 반영하지 못했기에 생긴 일이다. 하지만 이 때문에 말의 진화를 교과서에서 삭제해야 할 대상으로 지목한다면 그것은 잘못된 결정이다. 진화의 패턴이 매우 복잡할 뿐 말도 진화의 산물이기 때문이다.

결론적으로 이번에 문제가 된 두 건의 교진추 청원서는 진화의 구체적인 과정에 대한 학계의 흥미로운 논쟁을 진화의 유무에 대한 논쟁인양 호도하고 있다. 그동안 고생물학계는 진화 자체에 의문을 제기해본 적이 없으며 제기할만한 이유도 없다. 검증과 논박에 의한 과학적 지식체계의 발전 과정조차 이해하지 못한 무지에서 비롯된 것이다. 따라서 시조새와 말의 진화 내용을 교진추의 요구대로 삭제하거나 수정해서는 안 되며, '새의 진화'와 '말의 진화'에 대한 더 최신의 내용을 교과서에 기술하여 학생들이 진화에 대한 단편적인 지식을 넘어 더 탄탄한 진화의 사실들을 습득할 수 있도록 해야 할 것이다.

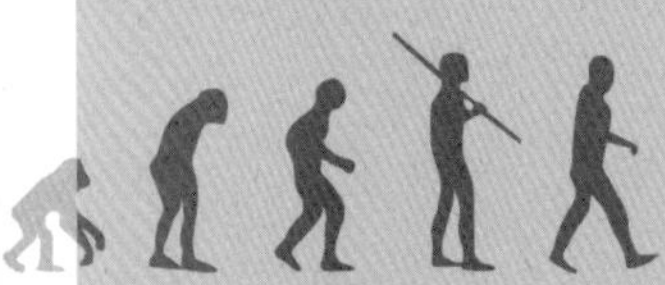

에필로그
Epilogue

1 지식인 지도
2 지식인 연보
3 키워드 찾기
4 깊이 읽기
5 찾아보기

EPILOGUE 1

지식인 지도

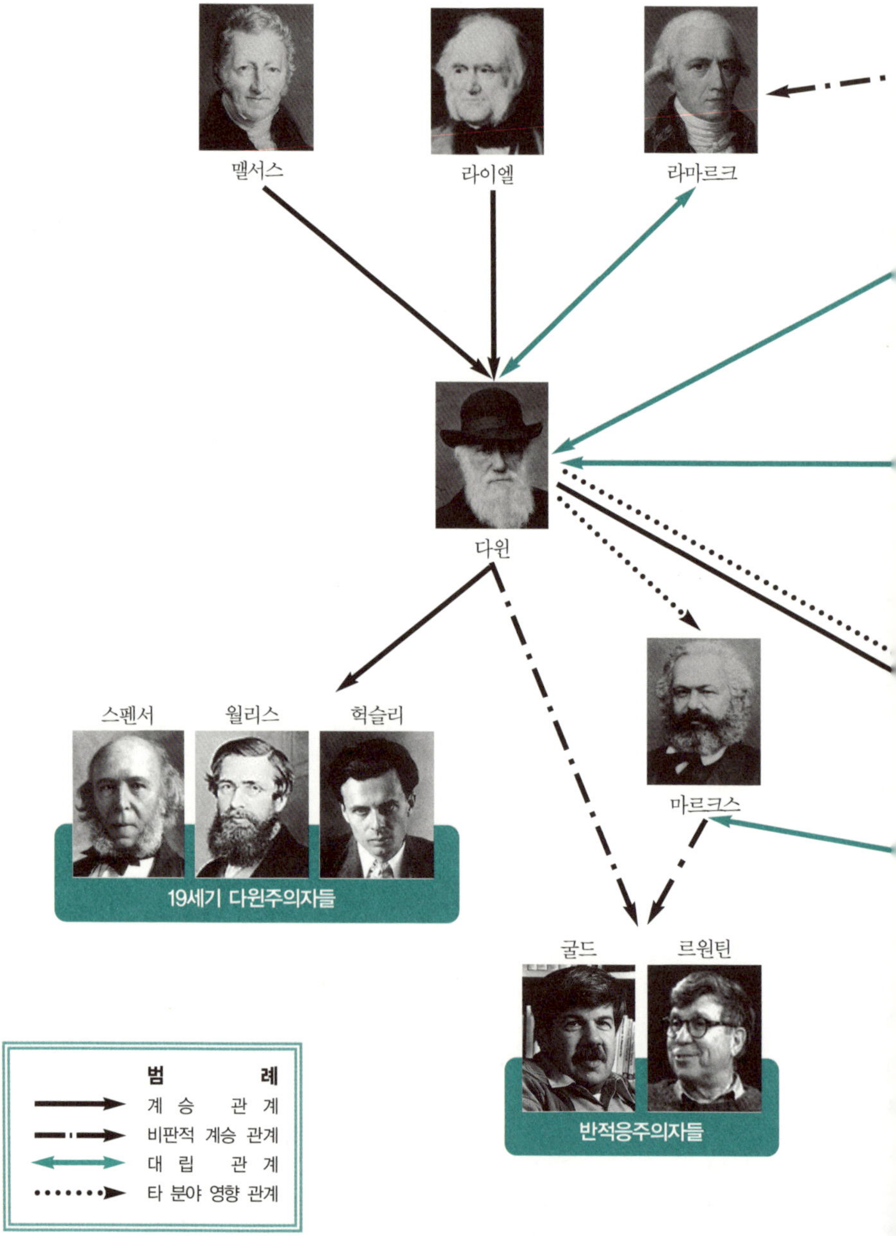

맬서스   라이엘   라마르크

다윈

스펜서   월리스   헉슬리
19세기 다윈주의자들

마르크스

굴드   르원틴
반적응주의자들

범례
- → 계 승 관 계
- ⇢ 비판적 계승 관계
- ↔ 대 립 관 계
- ⋯▶ 타 분야 영향 관계

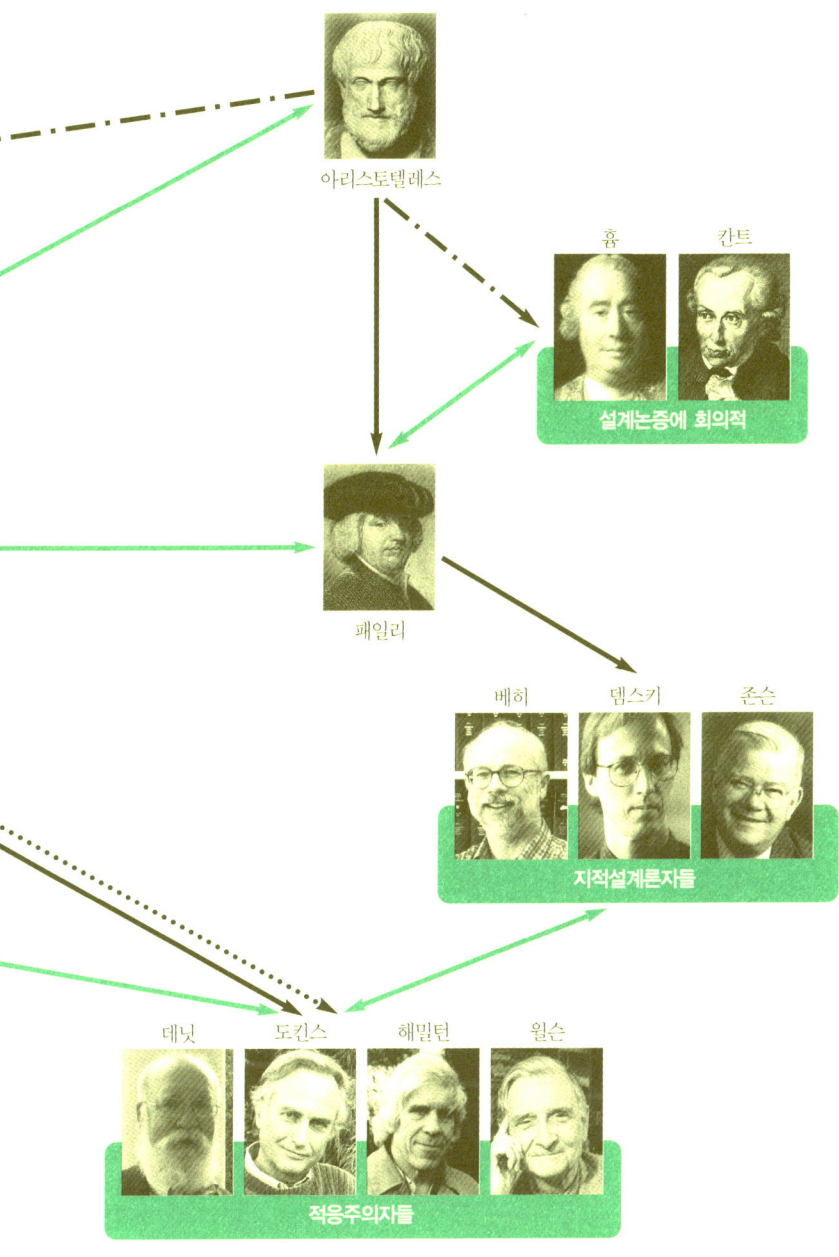

EPILOGUE 2

지식인 연보

• **윌리엄 페일리**

1743	윌리엄 페일리, 영국 피터버러에서 출생
1763	케임브리지 크라이스트 칼리지 졸업
1768	케임브리지 대학 개별 지도 교수가 됨
1779	데이비드 흄의 《자연종교에 관한 대화》 출간
1782	칼리슬의 부주교가 됨
1785	《도덕 및 정치철학 원리》 출간. 생전 15판 발행
1794	《기독교의 증거에 대한 견해》 출간
1796	이래즈머스 다윈 《주노미아》 출간.
1798	맬서스의 《인구론》 출간
1802	《자연신학》 출간
1805	페일리 사망

• **찰스 다윈**

1809	라마르크의 《동물철학》 출간. 획득형질의 유전 이론을 제시
1809	찰스 다윈, 2. 12 영국 슈롭셔 주의 슈루즈베리에서 출생
1825	에든버러 대학 의학부에 입학했으나 의학에 흥미를 느끼지 못하고 박물학과 지질학에 열중
1827	부친의 권유에 따라 목사가 되기 위해 케임브리지 대학 신학부로 전학
1831	4월 학사 학위를 수여받음. 8월 세즈윅 교수와 북웨일즈의 지질 탐사에 참가, 12월 헨슬로 교수의 추천으로 학술탐사선 비글호에 박물학자 자격으로 승선

1831	1831년 12월~1836년 10월 비글호 탐사
1833	라이엘의 《지질학 원리》 2판 출간
1835	태평양의 갈라파고스 군도 탐사
1836	슈루즈베리의 고향집에 귀가
1838	맬서스의 《인구론》 정독
1839	웨지우드 가문의 막내딸 에마와 결혼. 《비글호 항해기》 출간
1840	건강이 좋지 않아 가족과 함께 런던 교외 다운하우스로 옮김
1844	《종의 기원》에 대한 노트를 정리 230쪽의 수기로 완성. 체임버스의 《창조, 자연사의 흔적》 출간
1855	월리스의 논문 《새로운 종의 도입을 규제하는 법칙에 관하여》 발표됨
1856	후커와 라이엘의 권유에 의해 《종의 기원》 저술을 기획, 집필을 시작하여 12월에 제3장까지 씀
1858	월리스로부터 편지 받음. 월리스와 공저 형태로 《종의 변종 형성의 경향과 자연선택에 의한 종과 변종의 영속성에 관하여》 발표
1859	《자연선택에 의한 종의 기원에 관하여》(《종의 기원》), 당일 매진. 1860년 2판, 1861년 3판, 1866년 4판, 1869년 5판, 1872년 6판
1860	스펜서의 《제1원리》 출간
1862	루이 파스퇴르가 생명의 자연발생설을 반박
1863	토머스 헉슬리의 《자연에서의 인간의 위치》 출간
1865	멘델의 《식물 잡종에 관한 연구》 발표됨
1868	《사육 동식물의 변이》 발간, 1875년 개정판
1871	《인류의 유래와 성선택》 발간, 1874년 2판
1872	《인간과 동물의 감정 표현》 발간
1881	《지렁이의 작용에 의한 식생 토양 형성》 발간
1882	2월부터 심장의 통증이 시작됨, 심한 발작 끝에 4월 19일 오후 4시 사망, 웨스트민스터 사원에 안장됨

EPILOGUE 3

키워드 찾기

- **개체군** population 대체로 잘 정의된 지리적 영역을 점유하며 여러 세대 동안 번식적 연속성을 유지하는 동종의 집단이다.
- **거대 돌연변이** macromutation 대단히 큰 표현형적 효과를 산출하는 돌연변이다.
- **근대적 종합** modern synthesis theory 1920~1930년대 집단유전학(population genetics)의 지원을 받아 다윈의 자연선택론을 매우 강력한 이론으로 만든 일련의 흐름. 하지만 이 과정에서 발생학(embryology)이 배제되었다.
- **단속평형설** punctuated equilibrium theory 생명의 진화가 오랜 정체기(stasis)를 지나 급격한 종분화를 거치면서 단속적으로 진화한다는 가설. 미국의 고생물학자 굴드와 엘드리지가 다윈의 점진론에 대한 대안으로 1970년대에 제시했으나 이후에 이 가설의 유용성에 대한 논란이 제기되었다.
- **문** phylum 복수형은 'phyla'. 생물 분류군 중계(kingdom) 다음으로 상위에 있는 분류군이다. 동물계는 총 26개의 문으로 구성되어 있다. 따라서 다른 문에 속한 개체들은 형태상으로 매우 다르다.
- **반응 양태** norm of reaction 유전자형과 표현형의 관계를 나타내는 지표로 유전적(혹은 환경적) 요인들의 변화가 생길 때 표현형이 어떤 종류의 변화를 겪는지 나타낸다.
- **발생 유전자** developmental gene 유전자 발현을 조절하는 여러 요인들 특히, 시스 조절 요소(cis-regulatory element)를 포함한 DNA 가닥. 발생 유전자는 적당한 시점에 켜졌다 꺼졌다 함으로써 배 발생 과정을 통제한다.
- **배우자** gamete 생식 세포로 동물들에서는 정자와 난자, 식물들에서는 꽃가루와 밑씨를 말한다.

- **번식적 성공** reproductive success 어떤 개체가 번식에 성공하여 자손을 남기는 경우 자손을 얼마나 많이 남기는가로 성공도가 결정된다.
- **본질주의** essentialism 자연 세계가 수많은 본질적 속성들로 정확하게 구분된다는 견해. 이는 모든 생명체를 이데아의 세계에 존재하는 완벽한 형상의 불완전한 모방으로 본 플라톤에서부터 시작되었다.
- **부권 불확실성** paternity uncertainty 자신의 자궁을 통해 자식을 낳는 포유류 암컷의 경우와 달리 자신의 파트너가 낳은 자식이 자신의 자식인지에 대해 늘 불확실할 수밖에 없는 수컷의 처지를 일컫는 용어다.
- **종분화** speciation 종의 증가 과정. 생식적 격리 기제로 인해 개체군들을 양립 불가능하게 만드는 과정. 크게는 지리적 격리가 없이 단성 생식이나 잡종화에 의해 원래 조상군과 다른 생식을 하게 되는 동소적(sympatric) 종분화와, 지리적 격리에 의해서 일어나는 이소적(allopatric) 종분화가 있다.
- **신체 설계** body plan 독일어로는 바우플란(bauplan). 동물의 기본적인 몸 형성 계획으로 대개 최상위 분류군인 문(phyla)에 해당된다.
- **유전자 빈도** gene frequency 어떤 좌위(locus)에 있는 특정 유전자의 빈도로 그 좌위에 있는 다른 유전자에 대한 상대적 빈도이며 개체군 내의 빈도다.
- **유전자 환원주의** genetic reductionism 인간의 보편적인 형질을 찾아내고 그 형질이 유전자에 의해 암호화되어 있다고 전제한 후 그 형질의 존재를 자연선택으로 설명하려는 입장이다.
- **유전자형** genotypes 유전체의 한 좌위(locus)에 있는 대립유전자쌍. 예컨대 AA, Aa, aa 등으로 표현된다.
- **유전적 부동** genetic drift 한 개체군 내에서 유전형, 또는 둘 이상의 대립인자(allele)의 빈도가 무작위적으로 변하는 현상. 주로 소규모의 격리된 번식군 내에서 일어난다.
- **유전체** genome 어떤 개체가 가지고 있는 유전자의 전체 집합이다.
- **이보디보** Evo-Devo 발생 메커니즘 자체가 어떻게 진화해왔는지를 연구함으로써 생물의 다양성과 유사성을 통합적으로 이해하려는 일련의 시도. 발생 유전자들이 발견되기 시작한 70, 80년대 즈음 태동하여 최근에 큰 주목을 받고 있는 분

야이다.
- **적응 문제**^{adaptive problem} 어떤 개체나 종이 충분히 오랜 세월 동안 직면해온 생존과 번식의 문제. 예를 들면, 사기꾼을 탐지하는 문제, 충실한 파트너를 선택하는 문제, 남과 의사소통하는 문제 등이다. p93
- **적응**^{adaptation} 자연선택에 의해 산출된 개체의 표현형으로 그 개체의 번식적 성공에 기여하는 형질. 예를 들어 인간의 심장이나 눈 등이 그 대표적인 사례다.
- **적응도**^{fitness} 유전자들이 개체를 통해 다음 세대로 얼마나 많이 전달되었는지를 나타내는 척도. 그 개체의 직접적인 번식을 통해 전달되는 경우(직접 적응도)와 그 개체가 다른 친족의 번식을 도와줌으로써 전달되는 경우(간접 적응도)가 있는데 '포괄적응도(inclusive fitness)'는 이 둘을 더한 값이다.
- **적응주의**^{adaptationism} 자연선택이 생명의 진화를 추동하는 가장 중요한 동인이라고 보는 견해. 하지만 자연선택이 얼마나 중요한가에 대해서는 분명하지 않다.
- **점진론**^{gradualism} 생명의 진화가 그 누구도 살아서 목격할 수 없을 정도로 점진적으로 진행되는 장중하고 정연한 과정이라는 견해. 다윈은 라이엘의 동일과정설에 동조하면서 생명의 진화에 대해 이런 입장을 견지했다. 흔히 이에 반대되는 견해로 생물 종들이 오랜 정체기를 거친 후에 급격하게 진화한다는 단속평형설이 있다.
- **종**^{species} 하나의 중요한 분류 범주로 다양하게 정의될 수 있다. 생물학적 종 개념, 분자론적 종 개념, 생태학적 종 개념, 표현형적 종 개념, 그리고 인식론적 종 개념. 종은 교배하는 유기체들의 집합이라고 보는 생물학적 종 개념이 가장 널리 받아들여진다.
- **진화**^{evolution} 개체군의 유전자 빈도가 시간의 흐름에 따라 변하는 현상을 말한다.
- **캄브리아기 대폭발**^{Cambrian explosion} 5억 7,000만 년 전에서 5억 3,000만 년 전 사이(주로 캄브리아기)에 벌어진 생명의 대분화를 일컫는 용어로 현재 살아 있는 거의 모든 동물의 계통들이 이 기간에 출현했다고 알려져 있다.
- **표현형**^{phenotypes} 유전자형과 환경의 상호작용으로 인해 산출되는 개체의 특성들. 예를 들어 붉은색을 띠는 꽃, 갈색 눈 등이 그것이다.

EPILOGUE 4

깊이 읽기

몇십 년 전부터 현대 진화론자들 사이에서 커다란 논쟁이 진행되고 있다. 크게 보면, 영국 옥스퍼드 대학의 리처드 도킨스를 팀장으로 하는 팀과 지금은 고인이 된 미국 하버드 대학의 스티븐 제이 굴드를 중심으로 하는 또 다른 팀 사이의 논쟁으로 볼 수 있다. 이들이 서로 싸우고 있는 셈이다. 현대 진화론을 올바로 이해하고 인간 본성에 관한 생물학적 관점을 제대로 파악하기 위해서는 이런 논쟁들을 정확히 이해할 필요가 있다.

❖ 진화와 생명

- 장대익, 《다윈의 식탁》 - 김영사, 2008

현대 진화생물학자들 사이의 맛있는 논쟁을 가상으로 재구성했다. 이타성, 적응, 유전자, 진화 패턴, 진화와 종교 등의 쟁점들에 대한 현대 진화론자들의 입장 차이를 이해하는데 도움이 된다.

- 에른스트 마이어, 《이것이 생물학이다》 - 몸과마음, 2002

진화생물학계의 살아있는 전설, 하버드의 마이어 교수가 쓴 생물학 고급 입문서. 그는 생물학의 여러 분야들을 세 가지 범주(왜, 무엇, 어떻게)로 나누고 그들 간의 관계를 논함으로써 도대체 생물학이라는 것이 어떤 학문인지를 큰 그림으로 그려주고 있다. 한 권의 책에 생물학과 생물학사, 그리고 생물철학의 내용이 통합적으로 망라되어 있다는 사실이 그저 놀라울 따름이다.

- 스티븐 제이 굴드, 《풀하우스》 - 사이언스북스, 2002

현대 진화론의 한 축을 형성하고 있는 굴드의 대표작. 진화는 진보가 아님을 역설하고 있다.

• 조너던 와이너, 《핀치의 부리》 - 이끌리오, 2002
다윈은 갈라파고스 군도의 핀치를 관찰하고 자연선택에 의한 진화론을 떠올렸는데, 이 책의 주인공인 그랜트 교수는 갈라파고스 군도에 지금도 진화가 실제로 일어나고 있다는 사실을 밝힌다. 이 책은 그런 과정이 드라마틱하게 묘사되어 있다.

• 리처드 도킨스, 《눈먼 시계공》 - 민음사, 2004
진화론의 또 다른 한 축인 리처드 도킨스가 자연선택에 의한 진화가 무엇인지를 쉽게 설명하기 위해 쓴 책. 다윈의 진화론이 무엇인지를 알고 싶어하는 분들께 정말로 추천하고픈 책이다.

• 스티븐 제이 굴드, 《생명, 그 경이로움에 대하여》 - 지호, 2004
캄브리아기 대폭발에 대해 고생물학적, 인문학적으로 해석한 책이다.

❖ 사회생물학(혹은 진화심리학)과 그 적들

• 매트 리들리, 《붉은 여왕》 - 김영사, 2002
성의 진화가 인간의 본성에 얼마나 중요한지를 탁월하게 보여준 책. 진화심리학의 시작을 대중들에게 알리는 역할을 했다.

• 매트 리들리, 《이타적 유전자》 - 사이언스북스, 2001
인간을 포함한 동물 세계에서 어떻게 협동적 행동이 진화할 수 있는지를 이기적 유전자 관점에서 설명한 책. 원제는 《덕의 기원 The Origin of Virtue》이다.

• 리처드 도킨스, 《이기적 유전자》 - 을유문화사, 개정판 2002
현대 진화론의 고전 중의 고전. 이제는 '이기적 유전자'라는 용어가 지식인들에게 낯설지 않은데, 정작 이 책을 다 읽어본 사람이 몇 명이나 될지는 다소 의심스럽다. 현대 진화론과 그 함의를 이해하고자 한다면, 언젠가는 꼭 읽어보아야 할 책이다.

• 피터 싱어, 《사회생물학과 윤리》 - 인간사랑, 1999
응용윤리학의 석학인 저자가 사회생물학과 윤리학의 관계를 조명해본 책. 이 책도 20년 전쯤에 나온 책이라 그 이후의 발전은 담아내지 못했다.

• 리처드 르원틴, 《DNA 독트린》 - 궁리, 2001

진화유전학의 대가인 저자가 사회생물학에 대해 호되게 비판한 책. 사회생물학이 전제하고 있는 듯이 보이는 '유전자 결정론'을 주로 비판하고 있다.

- 이블린 폭스 켈러, 《유전자의 세기는 끝났다》 - 지호, 2002

생물학사가이며 철학자인 저자는 유전자의 기능과 의미가 현대에 와서 지나치게 부풀려져 있다고 주장한다.

- 스티븐 제이 굴드, 《인간에 대한 오해》 - 사회평론, 2003

굴드는 IQ, 우생학, 골상학, 두개계측학 속에 들어 있는 인종, 계급, 성에 대한 사회적 편견을 분석하고 이 주제들의 역사적 뿌리를 들춰냈다. 그 뿌리에는 생물학적 결정론이 똬리를 틀고 있다는 것이 그의 분석이다.

❖ 인류의 진화와 미래

- 매트 리들리, 《게놈》 - 김영사, 2001

인간이 가진 23쌍의 염색체가 도대체 인체 내에서 어떤 기능을 하는지, 그리고 인간의 질병과 행동에 유전자가 하는 역할이 도대체 무엇인지를 잘 정리해놓은 책이다.

- 매트 리들리, 《본성과 양육 : 인간은 태어나는가 만들어지는가》 - 김영사, 2004

더 이상 본성 대 양육 논쟁을 하지 말아야 할 이유를 설득력 있게 제시했다. 양육을 통한 본성(nature via nurture)이기 때문이다.

- 랜돌프 네스 · 조지 윌리엄스, 《인간은 왜 병에 걸리는가》 - 사이언스북스, 1999

이른바 '다윈 의학' 교과서. 인간의 질병을 진화론적인 관점에서 설명한 책. 진화론과 진화론이 다른 학문에 줄 수 있는 함의를 한꺼번에 맛보고 싶은 분들께 추천하고 싶은 책이다.

- 제레드 다이아몬드, 《총, 균, 쇠》 - 문학사상사, 1998

생물학자도 이렇게 두꺼운 책을 쓸 수 있다는 것을 보여주었다. 단지 두꺼워서 퓰리처상을 받은 건 절대 아니다. 생물학, 역사학, 인류학 등을 종횡무진 넘나드는 무서운 책이다.

- 프란스 드발, 《침팬지 폴리틱스》 - 바다출판사, 2004

영장류학의 대가인 저자가 침팬지 사회에서 벌어지는 온갖 사회성 행동을 관찰하고서 쓴 책. 권모술수에 관한 한 침팬지는 인류의 대선배다.

- 스티븐 미슨, 《마음의 역사》 - 영림카디널, 2001

고인류학자인 저자가 인간의 마음이 어떻게 진화해왔는지를 탐구한 책. 마음의 진화에 대한 저자의 독특한 입장이 잘 나타나 있다.

- 스티븐 핑커, 《언어본능》 - 소소, 2004

촘스키의 수제자이면서 촘스키의 비판가이기도 한 언어학자가 인간 언어의 본성과 언어의 진화에 대해 쓴 책. 번역이 별로 좋지 않다.

- 대니얼 데닛, 《마음의 진화》 - 사이언스북스, 2006

철학자이며 인지과학자인 저자가 인간의 마음이 갖고 있는 여러 가지 속성들(지향성과 의식 등)을 진화론적인 입장에서 바라본 책이다.

- 제인 구달, 《인간의 그늘에서》 - 사이언스북스, 2002

침팬지 연구의 대모격인 제인 구달 박사의 대표적인 저서. 그가 탄자니아의 곰베에서 침팬지들과 생활하면서 관찰하고 겪은 것들이 감동적으로 기록되어 있다.

- 에드워드 윌슨, 《통섭 : 지식의 대통합》 - 사이언스북스, 2005

사회생물학의 창시자로 알려진 하버드 대학의 윌슨 교수의 야심작으로 가히 《사회생물학》 이후의 대표작이라고 불릴 만한 책이다. 그는 여기서 '통섭(consilience)'이라는 독특한 개념으로 자연과학과 인문 사회과학의 통합을 모색하고 있다. 진화생물학과 신경과학, 그리고 인지심리학이 이런 통합을 위한 중요한 연결고리임을 강조했다.

- 로버트 라이트, 《도덕적 동물》 - 사이언스북스, 2003

진화심리학 대중 서적의 원조다.

- 스티븐 핑커, 《빈 서판》 - 사이언스북스, 2004

차마 선천적인 것은 없다고 말하기 전에 꼭 한번 읽어봐야 할 책. 인간 본성에 대한 전통적 견해(빈 서판 이론)에 대한 강력한 반론을 제기하고 있다.

- 최재천 외, 《살인의 진화심리학》 - 서울대학교 출판부, 2003

국내 최초의 진화심리학 연구서로 조선 말기 검안 문서에 기록된 살인사건을 진화심리학적 시각으로 분석했다.

EPILOGUE5

찾아보기

ㄱ

간격 유전자 p. 89
갈라파고스 군도 p. 42, 46
개체군 사상 p. 75
《개체발생과 계통발생》 p. 125
《과학혁명의 구조》 p. 181
구달, 제인 Goodall, Jane p. 134
굴드, 스티븐 제이 Gould, Stephen Jay p. 21, 93-96, 105, 125-127, 134, 135, 139, 163, 190
《기독교의 증거에 대한 견해》 p. 25
《내용과 의식》 p. 137
《뇌자녀》 p. 137
《눈먼 시계공》 p. 13, 107, 127, 190

ㄴ

니우엔팃, 베르나르 Nieuwentyt, Bernard p. 29

ㄷ

다윈, 이래즈머스 Darwin, Erasmus p. 59, 60
다윈, 찰스 Darwin, Charles p. 13, 14, 18-26, 33, 34, 36-60, 66, 67, 69, 71-84, 87, 98-100, 104-107, 109-116, 119, 120, 126, 131, 140, 145, 162-174, 178, 184, 189, 190, 192, 193
《다윈의 블랙박스》 p. 178, 179
《다윈의 위험한 생각》 p. 127, 137-140
다이아몬드, 제레드 Diamond, Jared p. 21
단속평형설 p. 106
데닛, 대니얼 Dennett, Daniel p. 37, 127, 136-140, 163
뎀스키, 윌리엄 Dembski, William p. 178, 181
《도덕 및 정치철학의 원리》 p. 25
도브잔스키, 테오도시우스 Theodosius Dobzansky p. 83
도킨스, 리처드 Dawkins, Richard p. 13, 14, 21, 36, 83, 84, 100, 107-109, 115, 116, 119-124, 17, 139, 163, 190, 192
돌연변이 p. 72, 87, 91
동등시간법 p. 16
《동물철학》 p. 60
동일과정설 p. 40
《두 개의 새로운 과학》 p. 170
드발, 프란스 De Waal, Frans p. 150
등속설 p. 108, 109
《DNA 독트린》 p. 130

ㄹ

라마르크, 장 바티스트 Lamarck, Jean Baptiste p. 59-66, 80, 81, 113, 172
라이엘, 찰스 Lyell, Charles p. 39-41, 50, 52,

54, 57
로렌츠, 콘라드 Lorenz, Konrad p. 100
루이스, 에드워드 Lewis, Edward p. 90
르원틴, 리처드 Lewontin, Richard p. 93-96, 128-132, 134, 135, 192\

ㅁ

마르크스, 카를 Marx, Karl p. 110, 113, 114
마스터 조절 유전자 p. 89
《마음의 종류》 p. 137, 138
마이어, 에른스트 Mayr, Ernst p. 75, 83
만족화 모형 p. 154, 155
맬서스, 토머스 로버트 Malthus, Thomas Robert p. 44-46, 51, 54, 58
《메이팅 마인드》 p. 158
멘델, 그레고어 요한 Mendel, Gregor Johann p. 81, 82
모노, 자크 Monod, Jacques p. 155
모방자 meme p. 123, 196
목적인 p. 34, 35
밀러, 제프리 Miller, Geoffrey p. 158

ㅂ

바이스만, 아우구스트 Weismann, August p. 65, 80
《바이오필리아》 p. 136
〈발가락이 닮았다〉 p. 147
발생적 제약 p. 89, 92, 194
범생설 p. 81
베블런, 소스타인 번드 Veblen, Thorstein Bunde p. 153
베히, 마이클 Behe, Michael p. 178-181
보노보 p. 185
보울러, 피터 Bowler, Peter p. 81

본질주의 p. 73, 74
비글호 p. 37-42
《비글호 항해 지질학》 p. 47
빅뱅 이론 p. 33

ㅅ

사이먼, 허버트 Simon, Herbert p. 154
사회다윈주의 p. 77, 81, 113
《사회생물학》 p. 84, 133, 135, 190, 191
〈산마르코의 스팬드럴과 팡로스적인 패러다임〉 p. 93
《3중 나선》 p. 130
상호호혜성 p. 101, 102
《생명, 그 경이로움에 대하여》 p. 127
생명의 나무 p. 66, 72, 73, 172, 201
《생명의 다양성》 p. 136
《생명의 미래》 p. 136
생태적 합리성 p. 157
설, 존 Searle, John p. 140
설계 논증 p. 13, 22, 28-31, 33, 34, 50, 170
성선택 p. 78, 114, 120, 131, 158, 184, 193
세이건, 칼 Sagan, Carl p. 21, 125, 163
《순수이성비판》 p. 33
스코프스 재판 p. 16, 17
스콧, 유제니 Eugenie, Scott p. 17
스테빈스, 레드야드 Stebbins, Ledyard p. 83
스팬드럴 p. 94, 95
스펜서, 허버트 Spencer, Herbert p. 76, 77, 81, 110-112
《시간의 역사》 p. 21
《시간의 화살, 시간의 순환》 p. 127
시조새 p. 197-199, 201
심슨, 조지 게이로드 Simpson, George Gaylord p. 83
〈쓸모없는 아름다움〉 p. 148

ㅇ

아리스토텔레스 Aristoteles p. 34, 35, 61, 171

양육투자 이론 p. 184

《언어 본능》 p. 21

엘드리지, 닐스 Eldtrdge, Niles p. 105, 108

염기서열 p. 84, 90, 132

오언, 리처드 Owen, Richard p. 111

왓슨, 제임스 듀이 Watson, James Dewey p. 48, 83

용불용설 p. 65, 66, 80

《우리 유전자 안에 없다》 p. 130

우생학 p. 77, 113

월리스, 앨프리드 러셀 Wallace, Alfred Russel p. 46, 49-55

윌슨, 에드워드 Wilson, Edward p. 21, 84, 102, 119, 133-135, 137, 163, 190, 191

유비 추론 p. 28, 31

《유전자, 마음 그리고 문화》 p. 134

유전적 부동 p. 71, 72

유전체 p. 20, 84

《유한계급론》 p. 153

《의식의 수수께끼를 풀다》 p. 140

《이기적 유전자》 p. 21, 83, 100, 115, 119, 121, 123, 139, 190

이주 p. 71

《인간 본성에 관하여》 p. 134

《인간과 동물의 감정 표현》 p. 78

《인간의 유래와 성선택》 p. 78

인공선택 p. 55-58

《인구론》 p. 44, 46, 51, 54, 58

ㅈ

《자본론》 p. 113, 114

자연도태 p. 189, 190

《자연사》 p. 125

자연선택 p. 13, 14, 20, 21, 33, 37, 49, 52, 53-58, 60, 66-69, 71-74, 80-87, 93-95, 97-99, 112-116, 122, 123, 131, 167, 172, 177, 180, 186, 189, 190

《자연신학》 p. 24-27, 30

《자연에서의 인간의 위치》 p. 112

《자연종교에 관한 대화》 p. 30, 32

《자연주의자》 p. 119, 190

자연주의적 오류 p. 193

《자유는 진화한다》 p. 140

자하비, 아모츠 Zahavi, Amotz p. 151

작용인 p. 35

전기영동법 p. 129

전사 transcription p. 90

점진론 p. 41, 57, 87, 106, 107, 109, 112

정상우주론 p. 33

《정신분석학 강의》 p. 113

제뮬 p. 81

조류독감 p. 20

존슨, 필립 Johnson, Phillip p. 178, 179

존재의 대사슬 p. 61, 62

종분화 p. 69, 74, 81, 109, 172

《종의 기원》 p. 13, 38, 49, 53, 55, 56, 58, 59, 66-68, 75-80, 87, 109, 162, 164, 170

《주노미아》 p. 59

《진화적인 변화의 유전적 기초》 p. 130

《지렁이의 작용에 의한 식생 포양 형성》 p. 79

지적설계론 p. 15-19, 177, 198

《지질학 원리》 p. 39, 40, 50, 54, 57

지향성 intentionality p. 137, 138

《지향적 태도》 p. 137

《진화: 근대적 종합》 p. 83

진화론 p. 15-19, 21, 22, 41, 44, 48, 59, 73, 75, 76, 80, 81, 84, 85, 87, 88-99, 106, 107, 113, 114, 125, 126, 131, 133, 136, 138, 139, 144, 147, 149, 152, 155-157, 159, 177, 178, 180, 182, 183, 187, 188, 189-192, 194, 195, 197, 201

《진화론의 구조》 p. 125

진화발생학(이보디보) p. 85, 9, 155
질료인 p. 35

ㅊ

창조과학 p. 188, 190, 197
창조론 p. 15-18, 87, 88, 107, 177, 178, 191, 195, 197, 198
《창조의 자연사의 흔적》 p. 47, 50
체임버스, 로버트 Chambers, Robert p. 47, 50
《총, 균, 쇠》 p. 21
《침팬지 폴리틱스》 p. 150

ㅋ

카너먼, 대니얼 Kahneman, Daniel p. 155, 156
칸트, 이마누엘 Kant, Immanuel p. 33
《캉디드》 p. 94
《코스모스》 p. 21, 125, 164
《콩쥐팥쥐전》 p. 144
쿤, 토머스 Kuhn, Thomas p. 181
퀴비에, 조르주, 바롱 Cuvier, Georges, Baron p. 40, 65
크릭, 프랜시스 Crick, Francis p. 48, 83

ㅌ

《통섭》 p. 155, 156
트리버즈, 로버트 Trivers, Robert p. 184
트버스키, 에이머스 Tversky, Amos p. 155, 156

ㅍ

페일리, 윌리엄 Paley, William p. 13, 14, 20, 21, 24, 25, 27-29, 31, 35, 50, 66, 180
포괄적응도 이론(친족선택 이론) p. 116, 118
《풀하우스》 p. 21, 127
《프로메테우스의 불》 p. 134
프로이트, 지그문트 Freud, Sigmund p. 110, 113, 114
피셔, 로널드 Fisher, Ronald p. 82
핀치 p. 39, 43-46

ㅎ

하이라코테리움 p. 200
해밀턴, 윌리엄 Hamilton, William p. 84, 115, 116, 120
해밀턴의 규칙 p. 117, 118
핸디캡 이론 p. 151, 153
헉슬리, 줄리언 Huxley, Julian p. 83
헉슬리, 토머스 Huxley, Thomas p.68, 83, 105, 110-112 112
형상인 p. 34
호메오 유전자 p. 90
호메오박스 p. 90
호일, 프레드 Fred, Hoyle p. 32, 33
호킹, 스티븐 Hawking, Stephen p. 21
혹스 유전자 p. 85, 91
홀데인, 존 버든 샌더슨 John Burdon Sanderson Haldane p. 82, 119
《확장된 표현형》 p. 139, 190
환원주의 p. 130
후성 규칙 p. 135
후커, 조셉 Hooker, Joseph p. 46, 47, 52
흄, 데이비드 Hume, David p. 30, 31, 33, 35

인류의 지성사를 이끌어온
100인의 지식인 마을 주민들